Kardeş Rekabeti

Anne Baba Akademisi

Bilinçli Bebek / Aletha J. Solter
Çocuğum Yemek Yemiyor / Carlos González
Çocuğunuzla Birlikte Büyümek / Naomi Aldort
Sarıl Bana Anne / Maria Luisa Ferrerós
Doğal Ebeveynlik / Dr. William Sears ve Martha Sears
Daha Sade Bir Hayat / Kim John Payne ve Lisa M. Ross
Seni Korkularınla Seviyorum / Maria Luisa Ferrerós
Çocuğunuza Kulak Verin / Aletha J. Solter
Önce Çocuklar / JoAnne Pedro-Carroll
Doğru Yiyecek Sağlıklı Çocuk / Kelly Dorfman
Ey Travma Bizden Uzak Dur! / Maggie Kline ve Peter A. Levine
Facebook Çağında Çocuk Büyütmek / James P. Steyer
Konuş ki Dinlesin Dinle ki Konuşsun / Adele Faber ve Elaine Mazlish

KARDEŞ REKABETİ

Orijinal adı: Siblings Without Rivalry

Yazanlar: Adele Faber, Elaine Mazlish
İngilizce aslından çeviren: Duygu Dalgakıran

1. baskı / Mayıs 2015 / ISBN 978-605-09-2642-2
Sertifika no: 11940

Kapak tasarımı: Erbil Kargı
Baskı: Yıkılmazlar Basın Yayın Prom. ve Kağıt San. Tic. Ltd. Şti.
Evren Mah. Gülbahar Cad. No: 62 / C Güneşli - Bağcılar - İSTANBUL
Tel: (212) 515 49 47
Sertifika no: 11965

Doğan Egmont Yayıncılık ve Yapımcılık Tic. A.Ş.
19 Mayıs Cad. Golden Plaza No. 1 Kat 10, 34360 Şişli - İSTANBUL
Tel. (212) 373 77 00 / Faks (212) 355 83 16
www.dogankitap.com.tr / editor@dogankitap.com.tr / satis@dogankitap.com.tr

Kardeş Rekabeti

Adele Faber
Elaine Mazlish

Çeviren: Duygu Dalgakıran

DOĞAN KİTAP

Hâlâ içinde yaralı bir çocuk olan
tüm yetişkin kardeşlere

Kardeşlerin birlikte uyum içinde yaşaması
ne hoş, ne güzeldir.

Mezmurlar

İçindekiler

Türkiye'den bir önsöz

Birden fazla çocuğu olan her ebeveynin; en doğru şekilde yönetmeye çalışırken, en çok sorun yaşadığı konudur kardeşler arasındaki çatışmalar. Ofisime gelen ebeveynlerde gözlemlediğim; kendi geçmişlerindeki kardeş sorunlarından öğrendiklerini, kendi çocuklarında uygulamaya çalışırken, çoğu zaman çaresiz kalma halleri. Bazen de bir terapiste gitme sebepleri, kardeş süreçlerinde zor konularla karşılaştıklarında, nasıl davranacaklarını öğrenmek istemeleri.

Elinizde tuttuğunuz bu kitap, çocuklar arasında iyi duygular olsun diye yaptığımız ısrarların neden beraberinde zor duyguları getirdiğini anlamamız adına önemli bir farkındalık yaratıyor.

Yazar; her kardeşin öfkesini ifade ettiği, ailede her çocuğa bir birey olarak değer verildiği, rekabetin değil işbirliğinin normal kabul edildiği, kimsenin bir role hapsedilmediği, çocukların birbirlerini incitmediği ve günlük sorunlarını çözme becerisi kazandığı süreçleri basit ve anlaşılır örneklerle anlatıyor.

Kitabı okurken çoğu zaman kendi kardeşimle olan çatışmalarım canlandı gözümde. Ailemin bana verdiği rolü, sorumluluğu, iyi olma endişesi içinde görülmemiş kıskançlıklarımı ve tüm bunların bugüne olan etkisini düşündüm yazarın hikâyelerinde. Tek çocuğum olmasına karşın neden onu farkında olmadan kıyasladığımı anlamama yardımcı oldu kendi geçmişime yaptığım bu kardeş yolculuğum.

Ebeveynlik kolay değil. Hele ki evde birden fazla çocuk olduğunda yaşanan kaosu yönetmekte çaresiz kalabiliyor anne baba. Oysa müzakere aile hayatında başlanıyor öğrenilmeye. Kendi tetiklenmelerimizi sakinleştirebildiğimiz sürece, çocuklarımıza zor durumlarda nasıl iletişim kurabileceklerini modelleyebilmek, onların yetişkin ilişkileri için yatırım yaptığımız anlamına geliyor. Öte yandan bu becerileri nasıl sunacağımızın ebeveynlik sürecimizdeki zor anların içinde saklı olduğunu da unutmamalıyız.

Sevgiyle kalın.

Nilüfer Devecigil
ndevecigil@hotmail.com

Bu kitap nasıl yazıldı?

Konuş ki Dinlesin Dinle ki Konuşsun kitabını yazarken bir sorunla karşılaştık; kardeş rekabetini konu alan bölüm bir türlü bitmiyordu. Konunun yarısına daha gelmemiştik, ama yazdıklarımız yüz sayfayı geçmişti. Kitabın diğer bölümleriyle orantılı olması için o bölümün büyük bir kısmını atmak zorunda kaldık.

İşte o anda kardeş rekabetini konu alan bir kitap yazmaya karar verdik. Biz bu kararı aldıktan sonra taşlar yerine oturdu. *Konuş ki Dinlesin Dinle ki Konuşsun* kitabında kardeş rekabetine genel olarak değindik. Ama bu kitapta konuyu uzun uzun anlatacak, kendi çocuklarımız kavga ettiğinde yaşadığımız hayal kırıklığını ifade edecek, senelerce grubunda bulunduğumuz çocuk psikoloğu Dr. Haim Ginott'un yol gösterici prensiplerini aktaracak, ailelerden aldığımız geri dönüşleri, yaptığımız okumaları, atölyelerimizde saatler süren tartışmalar sonucunda anne babalarla birlikte edindiğimiz tecrübeleri paylaşacaktık.

Öte yandan bağlantılarımız sayesinde kardeş rekabetinin tüm ülkede çok yaygın bir sorun olduğunu gördük. Bu konu herkesin ilgisini çekiyordu. Nereye gidersek gidelim kardeş rekabetini duyan herkes anında tepki veriyordu.

"Kavga etmeleri beni sinir ediyor."

"Sonunda ne olacak bilmiyorum, onlar mı birbirlerini öldürecek ben mi onları öldüreceğim."

"İki çocuğumla da ayrı ayrı gayet iyi geçiniyorum ama bir araya geldiklerinde ikisine de tahammül edemiyorum."

Yani sorun çok yaygın ve derindi. Anne babalarla konuştukça bunun evlerde nasıl gerginlik yarattığını daha iyi anladık. Anne babalarının sevgisi ve ilgisi için yarış halinde olan iki kardeşi düşünün. Buna bir kardeş başarılı olduğunda diğerinin hissettiği kıskançlığı, her bir çocuğun diğerinin ayrıcalıkları yüzünden duyduğu kızgınlığı, birbirleri dışında kimseden çıkaramadıkları kişisel hırslarını ekleyin ve neden evlerde bütün bu patlamalara yetecek kadar dinamit olduğunu görün.

Kardeş rekabetinin olumlu bir yanı var mı diye merak ettik. Evet, anne babalar için kesinlikle iyi değildi ama çocuklara iyi gelecek bir yanı olabilir miydi?

Tüm okuduklarımız kardeşler arasındaki bazı anlaşmazlıkların yararlı olabileceğine dair bir tablo çiziyordu: Rekabetleri birbirleri üstünde hâkimiyet kurmayı öğretiyordu. Böylece daha sağlam ve dirençli oluyorlardı. Ev içindeki bütün o itiş kakışlar onlara çeviklik ve hız kazandırıyordu. Sözlü tartışmaları onlara zeki olmak ile kalp kırmak arasındaki farkı öğretiyordu. Birlikte yaşamaktan duydukları sıkıntılar kendilerini nasıl ifade edeceklerini, nasıl koruyacaklarını, nasıl uzlaşacaklarını öğretiyordu. Ve bazen diğerinin yeteneğine karşı duydukları kıskançlık onları daha çok çalışmaya, kararlılığa ve başarıya sevk ediyordu.

Kardeş rekabetinin en iyi tarafı buydu... Ailelerin hemen ifade ettiği en kötü tarafı ise çocuklardan birinin ya da ikisinin birden cesaretini kırdığı, hatta onlarda kalıcı hasara neden olduğuydu. Kitabımız çocuklarda oluşacak her türlü hasarı önlemeyi ve onarmayı konu alacağı için öncelikle kardeşler arasındaki bitmek bilmeyen rekabetin nedenlerine bakmak gerekli diye düşündük.

Her şey nerede başlıyordu? Uzmanlar kardeş kıskançlığının kökeninin her çocuğun anne babası tarafından sadece kendisine has bir sevgiyle sevilme arzusuna dayandığı fikrinde birleşiyorlar. Biricik olmaya duyulan bu özlem neden? Çünkü çocuğun hayatta kalmasını ve gelişmesini sağlayan her şey, yani yiyecek, yuva, sıcaklık, okşanma, kimlik hissi, değerli ve özel olma hissi ona anne ve baba denilen muhteşem bir kaynaktan akıyor. Anne babanın gösterdiği sevginin ve verdiği cesaretin ışığıyla çocuk gelişiyor ve yavaş yavaş çevresine hâkim olma becerisi kazanıyor.

Peki neden diğer kardeşlerin varlığı çocuğun hayatına gölge düşürüyor? Çünkü bir kardeşin varlığı, onun mutluluğu için esas olan her şeyi tehdit ediyor. Aileye katılan yeni bir çocuğun ya da çocukların sadece varlığı bile DAHA AZ anlamına geliyor. Anne babayla daha az vakit geçirilecek. Kalbi kırıldığında ya da hayal kırıklığına uğradığında daha az ilgi gösterilecek. Başarıları daha az takdir edilecek. Ve hepsinden kötüsü "Eğer annem ve babam kardeşlerime bu kadar sevgi ve ilgi gösteriyorsa, belki de onlar benden daha değerlidir. Eğer onlar benden daha değerliyse demek ki ben daha değersizim. Ve eğer daha değersizsem o zaman başım gerçekten dertte" diye düşünecek.

Çocukların *birinci* ya da *en iyi* olmak için böylesine hırsla mücadele etmelerine, tüm enerjilerini *daha fazlasını* ya da *en fazlasını* almak için harcamalarına şaşmamak gerek. Aslına bakarsanız çocuklar HER ŞEYİ isterler. Çocuk, annesinin ve babasının her şeyine, tüm oyuncaklara, tüm yemeklere, tüm alana sahip olduğunu düşündüğünde kendini güvende hisseder.

Anne baba için altından kalkması ne kadar zor bir görev! Her bir çocuğuna güvende olduklarını, özel olduklarını, sevildiklerini hissettirmek, bu genç muhalife paylaşmanın ve uzlaşmanın güzelliklerini keşfetmesinde yardımcı olmak ve bu savaş halindeki kardeşlerin günün birinde birbirlerine mutluluk vermeleri ve destek olmaları için gerekli altyapıyı hazırlamak.

Anne babalar bu büyük sorumlulukla nasıl başa çıkabilir? Bunu bulmak için kısa bir soru listesi hazırladık:

- ✓ Yaptığınız herhangi bir şeyin çocuklarınızın ilişkisini olumlu etkilediği oldu mu?
- ✓ Yaptığınız bir şey çocuklarınızın ilişkisinin daha da kötüleşmesine neden oldu mu?
- ✓ Kendi anne babanızın kardeşlerinizle aranızdaki düşmanlığı artıracak bir şey yaptığını hatırlıyor musunuz?
- ✓ Anne babanız aranızdaki düşmanlığı azaltacak bir şey yaptılar mı?

Ayrıca anne babalara kardeşleriyle küçükken araları nasıldı, şimdi nasıl ve kardeş rekabeti başlıklı bir kitapta neler bulmayı beklerler diye sorduk.

Bu arada kişisel görüşmeler de yaptık. Farklı çevrelerden ve farklı yaş gruplarından (3 yaşından 88 yaşına kadar) pek çok kadın, erkek ve çocukla saatler süren görüşmeleri kayıt altına aldık.

Sonunda eski yeni tüm malzemelerimizi bir araya getirdik ve pek çok grupla sadece kardeş rekabeti hakkında sekizer seans süren toplantılar yaptık. Bazı anne babalar en başından heyecanlıydı, bazıları şüpheciydi ("İyi de siz benim çocuklarımı bilmiyorsunuz!") ve bazıları ise sabırları tükenmiş halde her şeyi denemeye hazırdı. Hepsi aktif olarak toplantılara katıldılar. Notlar aldılar, sorular sordular, sınıfta rol yaptılar ve evdeki "laboratuvarlarında" yaptıkları deneylerin sonuçlarını paylaştılar.

Tüm bu seanslar ve bu kitabın ortaya çıkışından önce seneler süren çalışmalarımız bize anne baba olarak fark yaratabileceğimizi gösterdi.

Rekabeti artırabiliriz de azaltabiliriz de. Düşmanca duyguların bastırılmasına neden olabiliriz de, güvenli bir şekilde açığa çıkmasına yardımcı olabiliriz de. Kavgayı körüklememiz de mümkün uzlaşmayı sağlamamız da.

Davranışlarımızın ve sözlerimizin bir gücü var. Kardeş kavgası başladığında artık kendimizi hayal kırıklığına uğramış, çıldırmış ya da çaresiz hissetmemize gerek yok. Yeni becerilerimiz ve anlayışımız sayesinde rakipleri barış zeminine çekebiliriz.

Yazarların notu

Hikâyemizdeki anlatımı kolaylaştırmak adına ikimizi tek bir kişiye, toplamda altı olan çocuklarımızı iki erkek çocuğa ve birlikte ya da ayrı ayrı çalıştığımız grupları tek bir gruba indirgedik. Gerçekliği düzenleyişimiz bundan ibarettir. Bunların dışında bu kitapta bulunan tüm düşünceler, hisler, tecrübeler tam olarak yaşandığı gibi aktarılmıştır.

Adele Faber
Elaine Mazlish

1. bölüm

Kardeşler: Geçmişte ve bugün

Kardeş rekabeti sadece başkalarının çocuklarının başına gelir sanıyordum.

Kafamın içinde bir yerde kibirli bir düşünce, diğer anne babalar gibi çocukların birbirlerini kıskanmasına neden olacak hataları yapmazsam o canavarı alt edeceğimi söylüyordu. Onları hiç kıyaslamayacak, hiç taraf tutmayacak, hiçbirini diğerlerinden ayırmayacaktım. İki oğlum da eşit sevildiklerini bilirse ara sıra didişirler ama kavga edecek ne bulabilirler ki diyordum.

Her neyse onu buldular.

Sabah gözlerini açtıkları andan gece kapatana dek tek bir amaçları vardı sanki: Birbirlerinin hayatını cehenneme çevirmek.

Şaşkındım. Aralarındaki kavganın neden bitmek bilmediğini, neden bu kadar vahşi ve şiddetli olduğunu açıklamam mümkün değildi.

Onlarda mı bir sorun vardı?

Bende mi bir sorun vardı?

Korkularımı Dr. Ginott'un grubundaki diğer anne babalarla paylaşınca rahatladım. Benim gibi çaresiz pek çok kişinin olduğunu bilmek büyük bir mutluluktu. Tüm günü isim takmalar, arkasından konuşmalar, yumruklamalar, çimdiklemeler, çığlıklar ve ağlamalarla geçen; bunalmış, sinirleri bozuk ve yetersizlik hissiyle ortalıkta dolaşan sadece ben değildim.

İnsan, çocuğunun küçük kardeşi olunca neyle karşılaşacağını bileceğini sanıyor. Ama çoğu anne baba, aynı benim gibi, çocukları arasındaki bu savaşa hazırlıksız yakalanıyor. Yıllar sonra kardeş rekabeti konulu ilk atölye çalışmamızı idare ederken ne kadar az şeyin değiştiğini görüyorum. İnsanlar pembe hayaller ile acı gerçekler arasındaki korkunç farkı anlatmak için sabırsızlanıyorlar.

"Bir çocuk daha yaptım, çünkü Christie'nin birlikte oynayacağı, hayat boyu arkadaşı olacak bir kardeşi olsun istedim. Şimdi kız kardeşi var ama ondan nefret ediyor. Tek istediği onu 'geri göndermek.'"

"Oğullarımın hep birbirlerine karşı vefalı olacaklarını düşünürdüm. Evde kavga etseler bile dışarda her zaman birbirlerinin yanında olacaklarından emindim. Büyük oğlumu otobüs durağında, küçük oğlumu dövmek isteyen bir grubun arasında görünce az kalsın ölecektim."

"Erkek kardeşlerle büyümüş bir adam olarak erkeklerin kavga ettiğini bilirdim ama nedense kızların hep iyi geçindiğini sanırdım. Benim üç kızım için geçerli değil bu. Ve en kötüsü de fil gibi hafızalarının olması. Geçen hafta, geçen ay ya da geçen yıl kendilerine yapılanları hiç unutmuyor ve hiç affetmiyorlar."

"Ben tek çocuktum, o yüzden Gregory'yi dünyaya getirmekle Dara'ya büyük bir iyilik yaptığımı sanıyordum. Birbirleriyle iyi geçineceklerini düşünecek kadar saftım. Geçindiler de... Ta ki Gregory konuşmayı ve yürümeyi öğrenene dek. Kendi kendime 'Büyüdükçe daha iyi olur' deyip durdum ama her şey sadece kötüye gitti. Şimdi Gregory 6, Dara ise 9 yaşında. Gregory'nin nesi varsa Dara da istiyor. Dara'nın nesi varsa Gregory istiyor. Birbirlerini tekmelemeden ya da yumruklamadan aynı metrekare içinde duramıyorlar. Ve ikisi de bana 'Neden onu doğurdun ki? Tek çocuk olsam ne olurdu sanki?' diye sorup duruyor."

"Aralarındaki yaş farkını iyi ayarlayarak kardeş rekabeti meselesinden kurtulacağımı düşünmüştüm. Eşimin kız kardeşi peş peşe doğurursam köpek yavruları gibi oynayacaklarını söyledi. Öyle yaptım ama durmadan kavga ettiler. Sonra bir yerde en ideal yaş farkının üç olduğunu okudum, onu da denedim; bu sefer büyük, küçüğe karşı ortancayla birlik oldu. Bir sonraki için dört sene bekledim. Ve şimdi hepsi ağlayarak bana geliyor ve birbirini şikâyet ediyor. Küçük olan büyüğün kötü olduğunu ve patronluk tasladığını, büyük olan küçüğün hiç söz dinlemediğini söylüyor. Kazanmak diye bir şey yok."

"İnsanların kardeş rekabetini neden bu kadar dert ettiklerine anlam veremiyordum, çünkü küçükken kızımla oğlum arasında hiçbir sorun yoktu. Şimdi ergenlik çağında bir dakika bile tartışmadan yan yana duramıyorlar."

Onları dinledim ve neden bu kadar şaşırıyorlar diye düşündüm. Kendi çocukluklarını unuttular mı? Neden kendi kardeşleriyle yaşadıklarını hatırlamıyorlar? Ya ben? Kardeşlerimle olan tecrübelerim neden çocuklarımı yetiştirirken işime yaramadı? Belki de ailenin küçüğü olduğum, ablam ve ağabeyim olduğu için. İki erkeğin birlikte nasıl büyüdüğünü hiç görmediğim için... Bu düşüncemi paylaştığımda herkes çocuklarının da yaş, cinsiyet ve sayı olarak kendi kardeşlerinden farklı olduğunu söyledi. Ayrıca bakış açısının da farklı olduğuna işaret etti. Bir baba "Kavga eden çocuk olmak başka, o kavgayla başa çıkmak zorunda kalan anne baba olmak başka" dedi.

Yine de sakin sakin geçmişteki ailemiz ile şimdiki ailemiz arasındaki farkları konuştukça eski hatıralar gün yüzüne çıkmaya başladı. Herkesin anlatacak bir hikâyesi vardı; yavaş yavaş oda kardeşler ve onlara dair güçlü duygularla dolmaya başladı.

"Ağabeyim benimle dalga geçtiğinde ne kadar sinirlendiğimi hatırlıyorum. Annemle babam 'Cevap vermezsen seninle uğraşmayı keser' diyordu ama ben hep cevap veriyordum. Beni ağlatmak için sürekli dalga geçiyordu. 'Diş fırçanı alıp git, zaten seni kimse sevmiyor' diyordu. Bu her seferinde işe yarıyordu. Her seferinde ağlıyordum."

"Ağabeyim benimle de dalga geçiyordu. 8 yaşında bir gün bisiklete binerken beni düşürmeye çalıştığı için öyle sinirlendim ki 'Yeter artık, bu son' dedim. Sonra eve gittim ve santralı aradım (küçük bir şehirde yaşıyorduk ve telefonları öyle bağlatıyorduk). 'Polisle görüşmek istiyorum lütfen' dedim. Santral görevlisi 'Hımm...' dedi. O sırada annem geldi ve telefonu kapattırdı. Bana kızmadı ama bunu babamla konuşacağını söyledi. O akşam babam eve geldiğinde uyuyor numarası yaptım. Beni kaldırdı. 'Öfkenle bu şekilde başa çıkamazsın' dedi. İlk anda rahatladım ama sonra orada öylece yatarken tekrar tekrar öfkelendiğimi ve kendimi çaresiz hissettiğimi hatırlıyorum.

Ona ne yaparsam yapayım ağabeyimin bana kötü davranmaya hakkı yoktu. Ben babamın küçük kızıydım. Ağabeyime çok korkunç şeyler yaptım. Bir keresinde kızgın yağ fırlattım. Başka bir sefer de koluna çatalımı sapladım. Bazen beni tutup durdurmaya çalışıyordu ama bıraktığında ona gerçekten zarar veriyordum. Bir keresinde annemler evde yokken suratıma yumruk attı. Gözümün altında hâlâ izi var. O son oldu, bir daha ona bulaşmadım."

"Bizim ailede kavga etmeye izin yoktu. Nokta. Erkek kardeşim ve ben birbirimize sinirlenemezdik bile. Birbirimize sinir olur ama öfkemizi gösteremezdik. Neden mi? Hiçbir nedeni yok. İzin verilmiyordu. 'O senin kardeşin, onu sevmelisin' deniyordu. 'Ama anne çok sinir bozucu ve bencil' dediğimde 'Üzgünüm, ama onu sevmek zorundasın' cevabını alıyordum. Daima öfkemi bastırmak zorunda kaldım, çünkü olacaklardan korkuyordum."

Daha çok kişi kardeşiyle anılarını anlattıkça, her birinin nasıl da zamanda geriye giderek o acıları ve kızgınlıkları yeniden yaşadığını gördüm ve çok etkilendim. Yine de bu hikâyeler anne babaların biraz önce kendi çocuklarından söz ederken anlattıklarından farklı mıydı? Sahne ve karakterler değil ama duygular aynıydı.

"Belki de nesiller o kadar da farklı değil" dedi biri üzüntüyle. "Belki de sadece kardeşlerin rakip olduğu gerçeğini kabul etmeliyiz."

"Öyle olmak zorunda değil" diye itiraz etti bir baba. "Erkek kardeşim ve ben en başından beri çok yakındık. Ben küçükken annem onunla ilgilenmem için beni görevlendirirdi. O da her zaman uslu dururdu. Hatta annem 'Sütünü bitirmeden çıkamazsınız' dediğinde ben içmek istemezsem beklememek için benim sütümü de içerdi. Sonra birlikte arkadaşlarımızın yanına giderdik."

Herkes güldü. Bir kadın "Bu bana kız kardeşimle beni hatırlattı" dedi. "Hep birlik olurduk, özellikle de ergenlik çağında. Annemi sinirlendirmek için çete gibi çalışırdık. Bizi azarladığında açlık grevine başlardık. Ya o ya da ben. Bu annemi deli ederdi, çünkü zaten çok zayıf olduğumuzu düşünürdü. Bize hep yumurtalı süt falan içirmeye çalışırdı. O yüzden yemek yemememiz onun için en büyük cezaydı. Ama aslında yiyorduk. Açlık grevinde olmayan gizlice diğerine yemek getiriyordu."

Kadın bir an durakladı ve kaşlarını çattı. "Ama küçük kız kardeşim ayrı bir hikâye. Onu hiç sevmedim. Benden on yıl sonra doğdu. Sabah akşam herkes sadece 'bebek'ten bahsedip durdu. Bana göre şımarığın tekiydi. Hâlâ da öyle..."

"Muhtemelen ablalarım da benim için aynı şeyi söylüyorlardır" dedi başka bir kadın. "Ben doğduğumda ablalarımın biri 8, diğeri 12 yaşındaymış. Sanırım beni kıskanıyorlardı, çünkü babamın favorisiydim. Ayrıca onlara göre daha avantajlıydım. Ben doğduktan sonra maddi durumumuz düzelmiş. Üniversiteye sadece ben gittim. İki ablam da 19 yaşında evlendi. Babamın ölümünden sonra annemle daha da yakınlaştık. Annem çocuklarıma da çok yakın. Kısa bir süre önce onun evini bir anne-kız evine dönüştürelim dedik. Olanlara inanamazsınız. Annem ablalarıma bundan bahsettiğinde ikisi de çıldırdı. 'Biz ev almak için mortgage ödedik... Kazandığımız her şey için mücadele ettik. O üniversiteye gitti... Kocası üniversiteye gitti... Zaten kocasının iyi bir işi var.' Sanırım beni en çok rahatsız eden, yeğenlerimin çocuklarıma öfkeli olması. 'Büyükanne neden bizimle onlarla geçirdiğin kadar vakit geçirmiyorsun? Artık bizi görmeye hiç gelmiyorsun!' diyorlar. Kıskançlık bir nesilden diğerine geçiyor."

Pek çok kişi iç geçirdi. Birisi "Burada önemli meselelerle uğraşmaya çalışıyoruz" dedi. Konuyu toparlama ihtiyacı hissettim: "Kendi çocukluklarımıza ve çocuklarımıza baktığımızda, kardeşlerimizle ilişkilerimizin hayatımızın erken dönemlerinde olumlu ya da olumsuz çok yoğun etkisi olduğunu, bu duyguların yetişkinliğimize de yansıdığını, hatta sonraki nesle geçtiğini görebiliyoruz."

Aslında daha fazlası vardı ama tam olarak ne olduğunu bilmiyordum. Yeniden kendi ablam ve ağabeyimi düşündüm. Bana hep yollarına çıkan bir bela gözüyle bakarlardı ve şimdi başarılı bir yetişkin olarak yine yollarına çıktığımı hissediyorum. O yüzden yüksek sesle şunu sordum: "Kardeşlerimizle olan tecrübelerimizin bugün nasıl davrandığımızı, nasıl düşündüğümüzü ve kendimizi nasıl hissettiğimizi etkilediğini söylersek çok ileri gitmiş olur muyuz?"

Bir anlık bir tereddüt oldu. Aynı anda dört kişi el kaldırdı. Bir babaya döndüm.

"Kesinlikle hayır!" dedi adam. "Örneğin ben her zaman lider olmalıyım. Ve eminim bunun nedeni üç erkek kardeşin en büyüğü olmam. Onların tepesinde koruyucu bir diktatör gibiydim. Çocukken bir şey yapmadan önce hep bana bakarlar ve sözümü dinlerlerdi.

Bazen onları dövdüğüm olurdu ama mahalledeki zorbalardan da korurdum. Bugün bile hep tepede olmalıyım. Kısa bir süre önce kendi işimi satmam için çok iyi bir teklif aldım. Satın alacak kişiler, işin başında yine benim olmamı istiyorlar. Ama yapmayacağım. Çünkü kendimi biliyorum. Patron olmam lazım. Başkasının işinde çalışamam."

"Ben beş erkek çocuğun en küçüğüyüm ve eminim ağabeylerim bugünkü durumumu derinden etkiledi. Hepsi çok güçlü ve başarılıydı. Akademik olarak da fiziksel olarak da... her bakımdan. Bu onlara doğal olarak verilmiş bir şeydi. Küçükken hep onlara yetişmeye çalışırdım. Onlar eğlenirken ben kitaplara gömülürdüm. Beni hiç anlamadılar. Bazen şefkatle 'Sen evlatlıksın' derlerdi. Bugüne kadar kendimi hep zorladım. Karım işkolik olduğumu düşünüyor ama benim bir parçam onlara yetişmek için hâlâ deli gibi koşuyor."

"Ben kız kardeşime yetişmeye çalışmayı uzun zaman önce bıraktım" dedi bir kadın. "Öyle güzel ve yetenekliydi ki aramızda hiçbir zaman bir yarış olmadı. Ve o bunu biliyordu. Bir keresinde sanırım ben 13 yaşındayken, 'Ben GGG'yim' demişti. 'Güzel, göz kamaştırıcı ve görkemli. Sense SSS'sin. Sevimli, sade, samimi.' Bunu hiç unutmadım. Bugün bile biri bana iltifat etse 'Tabii tabii, siz bir de kız kardeşimi görün' diye düşünüyorum."

"Ben de kız kardeşimden çok etkilendim" dedi başka bir kadın. Herkes ona dikkatle kulak verdi. "Benim için her zaman bir utançtı." Kadın biraz tereddüt etti, derin bir nefes aldı ve devam etti: "Kendimi bildim bileli duygusal sorunları vardı ve arkadaşlarıma açıklamakta zorlandığım tuhaf şeyler yapardı. Annemle babam onun için çok endişelenirdi. O yüzden hep iyi kızları, güvenebilecekleri evlatları olmak zorunda hissettim kendimi. Küçük olan bendim, ama sanki büyük gibiydim. Seneler geçtikçe her şey daha da kötüye gitti. Ablamı ne zaman görsem –evet onun hatası olmadığını biliyorum– normal bir çocukluğu benden çaldığı için ona kızdığımı hissediyorum."

Şaşkınlık içinde dinledim. Anne babaların çocukların hayatını nasıl yönlendirdiğini biliyordum, ama kardeşlerin birbirlerinin kaderlerini böylesine güçlü bir şekilde etkileyebileceğini hiç düşünmemiştim.

Ama koskoca adam mutlaka patron olması gerektiğinden, bir diğeri hâlâ ağabeyleriyle yarıştığından, bir kadın kız kardeşi yüzünden kendini küçük gördüğünden, diğeri hep iyi kız olmak zorunda kaldığı için yıprandığından söz ediyordu. Sırf kardeşleri yüzünden...

Ben bunları anlamaya çalışırken birden gruptaki bir başka adamın konuşmaya başladığını fark ettim. Sonra onun söylediklerine kulak vermeye çalıştım.

"Bizim evde dengesiz olan babamdı. Annem çok şefkatli ve sakindi. Ama babam öfkeli ve kontrolsüz biriydi. İki günlüğüne gidiyorum der iki ay gelmezdi. O yüzden birbirimizi kollamak zorundaydık. Büyükler küçüklerle ilgilendi. Çalışabilecek yaşa gelince hepimiz okuldan sonra yarı zamanlı işler yaptık. Herkes kendi kazandığıyla aile bütçesine katkıda bulundu. Eğer birbirimize tutunmasaydık başaramazdık."

Odada bir mırıldanma oldu. "Harika... Çok güzel..." Bu son hikâye, herkesin en çok özlem duyduğu şeye dokunuyordu: Çocukların sevgiyle birbirine destek olması.

"Bu çok ilham verici" dedi bir kadın. "Çocuklarım için en çok umut ettiğim şey. Ama aynı zamanda cesaret kırıcı... Çocukların bir arada olması için anne babaların sorunları mı olması gerekiyor? Çocuklarımın sadece kocam bizi bırakıp gittiğinde birbirlerine destek olacaklarını düşünmek çok üzücü..."

"Bence" diye devam etti bir adam, "bütün mesele genetik. Eğer şanslıysanız çocukların karakterlerinin birbirine uyduğu bir kombinasyon ortaya çıkıyor. Eğer çıkmazsa başınız dertte demektir. Ama her iki durumda da elimizden gelen bir şey yok."

"Elimizden gelen bir şey yok düşüncesini kabul etmek istemiyorum" diye karşı çıktı bir kadın. "Anne babaların çocuklarının arasını açtığı pek çok örnek dinledik. Ben bu gruba katıldım, çünkü çocuklarımın günün birinde dost olmasını istiyorum."

Bu sözleri nereden hatırlıyordum? "Bana on sene önceki halimi hatırlattınız" dedim yüksek sesle. "Ben bu konuya kafayı takmıştım. Oğullarımın iki dost olduğunu gözümle görmek istiyordum. Sonuçta duygusal olarak lunaparklardaki trenlere binmiş gibi oldum. Ne zaman güzel güzel oynasalar çok seviniyordum. 'İşte, birbirlerini seviyorlar, ben iyi bir anneyim' diyordum. Ne zaman kavga etseler 'İşte yine kavga ediyorlar, benim suçum' diye umutsuzluğa kapılıyordum. Sonunda 'dost' olmaları hayalinden vazgeçip daha gerçekçi bir hedef belirlediğim gün mutluluğu buldum."

Kafası karışmış bir kadın, "Tam olarak ne demek istediğinizi anlayamadım" dedi.

"Çocuklarım dost olsun diye endişelenmek yerine şefkatli bir ilişki sürdürmek için ihtiyaç duydukları becerileri onlara kazandırmam gerektiğini düşündüm" diye açıkladım. "Hayatları boyunca neyin doğru neyin yanlış olduğuna takılmak yerine birbirlerini dinleyebilmelerini, farklılıklarıyla yaşayabilecek çözümler bulabilmelerini istedim. Kişilikleri birbirleriyle arkadaş olmaya hiç uygun olmasa da en azından arkadaş edinecek güçleri olacaktı."

Kadın şaşırmış görünüyordu. Nedenini anlıyordum. Az önce birkaç cümleyle söylediğim şeyleri kavramam senelerimi almıştı.

"Lütfen anlayın" dedim. "Yorulduğum, sıkıldığım, çaba göstermedikleri için onlara kızdığım çok oldu. Ama bağrışma yarışından normal bir tartışmaya adım atmalarını sağladığımda bile kendimi müthiş, çok tecrübeli bir anne gibi hissettim."

Kadın, "Bunu yapabilir miyim bilmiyorum?" dedi gergin bir sesle.

"Bunun bir sırrı yok. Ben hangi teknikleri kullandıysam siz de kullanabilirsiniz" diye onu sakinleştirdim. "Ve gelecek haftadan itibaren kullanacaksınız."

Çarpık bir gülümsemeyle bana baktı. "O zamana kadar hayatta kalabilirim miyim bilmiyorum" dedi. "O zamana kadar ne yapacağım?"

Tüm gruba dönerek cevap verdim: "Bu haftayı çocuklarımızın neden kavga ettiklerini gözlemleyerek geçirelim. Kavgaları boşa gitmesin. Olayları ve sizi rahatsız eden konuşmalarını not alın. Bir sonraki görüşmemizde değerlendirelim."

* * *

Eve giderken kendimi artık birer yetişkin olan oğullarımı düşünürken buldum. Geçen haftaki Şükran Günü yemeğinden sonra aralarında geçen konuşma hâlâ aklımdaydı.

Yemek odasının ortasında masayı topluyordum. Onlar da mutfağı toplamaya başlamıştı.

Önce ev işlerinin paylaşılması konusunda şakalaştılar. İkisi de farklı alanları talep ediyor ve daha pis olan işi diğerine yıkmaya çalışıyordu. Üniversitelerini ve bölümlerini karşılaştırırlarken konuşma ciddileşti. Biri bilim, diğeri sanat okumuştu. Birden bilimadamının mı sanatçının mı toplumda daha önemli olduğuna dair bir tartışma başladı. "Pasteur'e bak" dedi biri. "Picasso'yu düşün" dedi diğeri. Birbirlerini ikna etmeye çalışarak örnek vermeye devam ettiler. Sonunda ikisinin de önemli olduğu sonucuna vardılar.

Ardından konuşma geçmişe döndü. Kimin diğeri için ne yaptığına, niye yaptığına dair eski bir öfke gün yüzüne çıktı. İkisi de şimdi sahip oldukları yetişkin bakış açısıyla kendini değerlendiriyordu. Bir süre sonra hava yeniden değişti. Komik anılarını hatırlayıp kahkahalara boğuldular.

Sanki iki farklı güç vardı. Biri onları farklılıklarıyla farklı bireyler olarak birbirlerinden ayırmak için itiyor, diğeri kardeşliğin birleştiriciliğiyle bir araya getiriyordu.

Yan odadan yarım yamalak duyduklarımla ne kadar mutlu olduğuma şaşırdım. İlişkilerinin anbean yükselen "tansiyonuna" ne kadar az duygusal yatırım yaptığımın farkına vardım. İlgi alanları ve mizaçları arasında, onları çocukluklarından beri birbirlerinden uzaklaştıran farklılıkların hâlâ var olduğunu biliyordum, ama seneler boyunca bu farklılıklarını birleştirecek köprüler kurmalarına yardımcı olduğumu da biliyordum. Ne zaman birbirlerine ulaşmak isteseler bunun için birçok yolları vardı.

2. bölüm

Kötü duygular dışarı çıkmadan olmaz

Herkes daha montunu çıkarırken ikinci seans gayriresmi olarak başladı. Bir kadın, "Biliyor musunuz? Kavgalarını not almak işe yaradı. Yazmakla o kadar meşguldüm ki sinirlenemedim bile" dedi.

"Keşke ben de aynısını söyleyebilsem" dedi bir başka kadın. "Hafta sonuna doğru büyük kızımın yüzüne bakmak bile istemedim."

Kadın not defterini çıkardı ve ilk sayfayı açtı. "Bu sabah kahvaltıda küçük kız kardeşine neler söylediğini duymak ister misiniz?..

'İyi ki senin yanında oturmuyorum.'

'Pis kokuyorsun.'

'Babam beni senden daha çok seviyor.'

'Çirkinsin.'

'Alfabeyi bilmiyorsun.'

'Ayakkabılarını bağlamak için anneme ihtiyacın var.'

'Senden daha güzelim.'"

Başkaları da oturdukları yerden bunları doğruladı.

"Oğlumun bu çocukça zalimliği büyüyünce geçer diye düşünüyordum. Şimdi bir ergen ve hâlâ küçük kardeşine işkence çektiriyor. Ona söylediği bazı şeyleri burada söyleyemeyeceğim."

"Onları bu kadar kötü yapan şeyin ne olduğunu anlamıyorum" dedi başka bir kadın. "5 yaşındaki çocuğum daha bebek olan kardeşinin saçını çekiyor, parmağını burnuna, kulağına, gözüne sokuyor. Küçük çocuğum şimdiye dek kör olmadığı için çok şanslı."

Neden söz ettiklerini çok iyi biliyordum. Kendi bebeğimi sırtında iki tırmık iziyle ve yanında 3 yaşındaki oğlumu suratında pis bir sırıtışla bulduğum anı hatırlıyorum. Ne kötü, ne korkunç bir çocuk. Bunu neden yaptı?

Çocuklarımızın "kötülüğünün" kaynağını anlamamız için gruba

şu alıştırmayı dağıttım. (Sevgili okuyucu, aşağıdaki durumlara vereceğiniz tepkileri yazmak işinize yarayabilir. Erkekseniz "koca" sözcüğünü "karı"yla ve "kadın" sözcüğünü "adam"la değiştiriniz.)

* * *

Kocanızın kolunu boynunuza doladığını ve şöyle dediğini hayal edin: "Hayatım, seni çok seviyorum ve öyle mükemmelsin ki senin gibi bir karım daha olmasına karar verdim."

Tepkiniz: ____________________

Yeni kadın sonunda geliyor. Çok genç ve sevimli biri. Üçünüz bir aradayken yanınıza birileri gelerek size kibarca "Merhaba" diyor ve coşkuyla yeni gelene doğru atılıyorlar. "Ah çok tatlı değil mi! Merhaba hayatım... Ne kadar harikasın!" Sonra size dönüp kocanızın yeni karısını beğenip beğenmediğinizi soruyorlar.

Tepkiniz: ____________________

Yeni kadının kıyafete ihtiyacı var. Kocanız dolabınızı açıyor ve kazaklarınızın, pantolonlarınızın bir kısmını alıp ona veriyor. İtiraz ettiğinizde sizin kilo aldığınızı bunların tam ona göre olduğunu söylüyor.

Tepkiniz: ____________________

Yeni kadın hızla gelişiyor. Her geçen gün daha akıllı ve daha becerikli. Bir öğleden sonra kocanızın size aldığı yeni bilgisayarı nasıl kullanacağınızı çözmeye çalışırken odaya dalıyor ve "Aaa, ben kullanabilir miyim? Nasıl olduğunu biliyorum" diyor.

Tepkiniz: ____________________

Kullanamayacağını söylediğinizde ağlayarak kocanıza koşuyor. Bir süre sonra onunla birlikte geri geliyor. Gözleri yaşlı ve kocanız da kolunu onun boynuna dolamış. Kocanız size dönüp "Bir kere onun da oynamasına izin versen ne olur? Neden paylaşmayı bilmiyorsun?" diyor.

Tepkiniz: ____________________

Bir gün kocanızı yeni karısıyla yatakta yatarken görüyorsunuz. Kocanız onu gıdıklıyor, o da kıkırdıyor. Ardından telefon çalıyor ve kocanız önemli bir işi çıktığını, hemen gitmesi gerektiğini, sizin evde kalarak yeni karısına göz kulak olmanızı söylüyor.

Tepkiniz: ____

Tepkilerinizin sevgiden ne kadar uzak olduğunu gördünüz değil mi? Grubumuzdakiler, saygın ve medeni dış görünümlerinin altında adice, gaddarca davranma ve kin gütme kapasitesinin, ayrıca öç alma, işkence ve öldürme düşüncelerinin gizlendiğini söylemekte gecikmediler.

Kendine çok güvenenler bile bir "başkası"nın varlığının onları ne kadar öfkelendireceğini ve tehdit edeceğini fark ettiler.

Bir kadın "Ama beni rahatsız eden bir şey var" dedi. "Bu alıştırma sanki sadece ilkönce doğanın bu şekilde davranacağını ima ediyor, oysa benim bebeğim de tehdit altındaymışçasına öfkeli davranıyor. Sadece 18 aylık ama hiçbir neden yokken 4 yaşındaki ağabeyine saldırıyor. Dün ağabeyi sessizce televizyon seyrederken arkasından yaklaşıp marakasıyla onun kafasına vurdu. Bu sabah yatakta benim yanımda yatmış biberonundan süt içiyordu, ağabeyi gelip yanıma sokulmaya çalışınca süt içmeyi bırakıp onu öyle bir itti ki çocuk kendini yerde buldu."

Bunun arkasından küçük çocuğun duyguları konusunda uzun bir tartışma başladı. Bazı anne babalar kavgacı küçük çocuğun büyüğe meydan okuma ihtiyacı hissettiğini söylediler. Bazıları ise küçük çocuğun büyük kardeşine hayranlık duyduğundan ama onun kendisini reddetmesi yüzünden hayal kırıklığına uğradığından söz etti. Bir anne ise en küçük çocuğunun büyük kardeşlerine asla yetişemeyeceğini düşünüp üzüldüğünü ve hevesinin kırıldığını söyledi.

Bir baba, konuşmanın gidişatından memnun değil gibiydi. "Açıkçası" dedi, "bence duyguları çok önemsiyoruz. Evdeki duygusallıktan bunaldım. Akşam yorgun argın eve gidiyorum. Üç kızım birbirine bağırıyor. Karım da onlara bağırıyor. Sonunda hepsi bana gelip birbirini şikâyet ediyor. Kimsenin ne hissettiği umurumda değil, sadece bunun bitmesini istiyorum."

"Sabırsızlığınızı ve hüsranınızı anlıyorum" dedim. "Ne var ki işin ironisi şurada, önce kapı dışarı etmek istediğimiz duygularımızı saygıyla karşılamalıyız."

Adam kaşlarını çatarak baktı.

"Bunun ne kadar can sıkıcı olduğunu anlıyorum" dedim. "Bir çocuğun diğerine öfkelenmesi... Ama eğer öfkenin ortaya çıkmasına engel olursak fiziksel semptomlarla ya da duygusal problemlerle karşılaşabiliriz."

Adam şimdi şüpheyle bakıyordu.

"Olumsuz duygulara izin verilmediğinde biz yetişkinlerin ne hissedeceğine bakalım. Karı/koca benzetmemize geri dönelim."

"O beni biraz rahatsız etti" diye araya girdi bir adam. "Sonuçta Amerika'nın kültürel normlarına göre insanların ikinci bir eş edinmeleri diye bir şey yok. Hatta bu yasadışı. Oysa ailelerin birden fazla çocuğunun olması normal ve yasal."

"Doğru" dedim. "Ama bu alıştırmayı yapabilmek için kültürel normların değiştiğini ve ikinci eşin yasal olduğunu kabul edelim.

Topraklarımızda kadınların ya da erkeklerin sayısı azalmış ve kanun daha az kalan cinsin birden fazla eş edinmesine izin vermiş olsun."

"Peki" dedi gönülsüzce. "Buna razı olabilirim."

"Neden olmayasınız?" diye taş attı bir kadın. "Az olan sizsiniz!"

Devam etmek için kahkahaların dinmesini bekledim. "Yeni kadın ya da adam eve geleli bir yıl olmuş" dedim. "Onun varlığına alışmak şöyle dursun, her geçen gün kendinizi daha da kötü hissediyorsunuz. Bazen kendinizde bir sorun olduğunu düşünüyorsunuz. Yatağınıza oturmuş acı içinde kıvranırken kocanız odaya giriyor ve patlıyorsunuz: 'Onu evde istemiyorum. Beni çok mutsuz ediyor. Neden onu geri gönderemiyoruz?'"

Eşiniz farklı cevaplar verecek. Her bir cevaba nasıl tepki vereceğinizi düşünün:

1. Saçmalık. Kendini komik duruma düşürüyorsun. Böyle hissetmen için hiçbir sebep yok.

Tepkiniz: ____

2. Böyle konuştuğunda çok sinirleniyorum. Lütfen bu hislerini kendine sakla, çünkü duymak istemiyorum.

Tepkiniz: ______________________________

3. Bak, benden imkânsızı yapmamı isteme. Ondan kurtulamayacağımızı biliyorsun. Biz artık bir aileyiz.

Tepkiniz: ______________________________

4. Niye hep böyle olumsuz olmak zorundasın? Onunla geçinmenin bir yolunu bul, en ufak şeyde bana gelme.

Tepkiniz: ______________________________

5. Sadece kendim için evlenmedim.Yalnız kaldığın zamanlarda sana arkadaş olur diye düşündüm.

Tepkiniz: ______________________________

6. Lütfen hayatım. Kes şunu. Benim sana olan duygularımın bir başkasıyla ne ilgisi var? Kalbimde ikinize de yetecek kadar sevgi var.

Tepkiniz: ______________________________

Bir kez daha herkes verdiği tepkiler karşısında afallamıştı. Bazıları kendini "aptal", "suçlu", "hatalı", "deli", "bozguna uğramış", "güçsüz" ve "terk edilmiş" hissettiğini söyledi.

Bazıları "Demek ki gerçek ben kabul görmüyor" diye düşünmüştü. "Bana kalan sevgi kırıntılarını korumak için bu durumdan mutluymuşum gibi davranmalıyım." "Konuşacak kimse yok, kimsenin umurunda değilim."

Ama herkesin hissettiği ortak duygu, sonucu ne olursa olsun içlerinde yanan intikam ateşiydi. Yeni gelenin başını belaya sokmayı, ona fiziksel olarak zarar vermeyi istiyorlardı. Bu sırada kendilerinin zarar görmesi ya da eşlerinin bu duruma öfkelenmesi umurlarında değildi. Eğer hayatlarına zorla giren bu kişiyi eşlerinin gözünden düşürecekse buna değerdi. Aynı zamanda kendilerine yaşattığı acı için eşlerine de zarar vermek istiyorlardı.

Yine de bu aşırı tepkilere neden olan sözlerin hiç de nadiren kullanılmadığını gördük. Başkasının "mantıksız" tepkisiyle inkâr, mantık, öğüt ya da teskin gibi yollarla başa çıkmak yaygın bir şeydi.

Gruba, "Eşinizin ne yapmasını isterdiniz?" diye sorduğumda hep bir ağızdan "Ondan kurtulmasını" dediler. Ama peşinden birtakım başka ciddi düşünceler geldi.

"Eğer kocam sırf ben istiyorum diye ondan kurtulabiliyorsa bu durum beni korkuturdu. Bir gün aynı şeyi bana da yapacağını düşünürdüm."

"Kocamın en çok beni sevdiğini onun kendisi için hiçbir anlamı olmadığını söylemesini isterdim."

"Bu beni bir anlığına rahatlatabilirdi ama sonra ona da benim için aynı şeyi söylediğini düşünürdüm."

"Öyleyse sizi tatmin edecek şey nedir?" diye sordum.

Bir an duraksadı. Sonra, "Yeni kadın hakkında aklıma gelen tüm kötü şeyleri –doğru olsun ya da olmasın– söyleyebilmek isterdim ve bir kez olsun onu savunmamasını ya da kızmamasını isterdim."

"Ya da saatine bakmamasını."

"Ya da televizyonu açmamasını."

"Benim için önemli olan, nasıl hissettiğimi anlaması olurdu."

Birden cevapların hep kadınlardan geldiğini fark ettim. Tartışma "yeni koca"dan çok "yeni kadın"a doğru kaydığı için miydi? Yoksa kadınlar toplum içinde duygularını erkeklerden daha kolay ifade ettikleri için miydi?

Bu kez erkeklere seslendim. "'Karılarınız' kendi ihtiyaçlarını tarif etti. Şimdi sizden onların ihtiyaçlarını karşılamanızı isteyeceğim. Karınız 'Bu kadını artık evde istemiyorum. Beni mutsuz ediyor. Neden ondan kurtulamıyoruz?' dediğinde nasıl cevap verirsiniz?"

Erkekler bir an boş gözlerle baktılar.

"Onun ne hissettiğini anladığınızı bilmesi için karınıza ne diyebilirsiniz?"

Birkaç endişeli ifadeden sonra cesur bir ruh öne atıldı. "Böyle hissettiğini bilmiyordum" dedi.

Cesaret bulan bir diğeri, "Duygularının bu kadar güçlü olduğunu bilmiyordum" diye ekledi.

Bir başkası, "Şimdi bu durumun senin için ne kadar zor olduğunu anlamaya başlıyorum" diye devam etti.

Ardından kadınlara döndüm. "Peki siz yeni koca konusunda mutsuz olan eşinize duygularını anladığınızı nasıl söylerdiniz?"

Bir el kalktı. "Onun sürekli etrafta olması senin için çok zor olmalı."

Başka bir el: "Ne hissettiğini bana anlat. İstediğin kadar zamanımız var."

Son olarak: "Nasıl hissettiğini bilmek istiyorum, çünkü senin hislerin benim için çok önemli."

Herkes bir oh çekti. Birkaç kişi alkışladı. Sonunda istediklerini duymuşlardı.

Duygusallıktan bunalan babaya döndüm ve "Ne düşünüyorsunuz?" diye sordum.

Pişman bir ifadeyle gülümsedi. "Sanırım" dedi, "dolaylı olarak bize çocukları susturmak yerine onların duygularını dinlememiz gerektiğini söylüyorsunuz."

Başımla onayladım. "Sadece alıştırma yapan yetişkin insanlar bile olsak birinin bizim olumsuz duygularımızı dinlemesinin ne kadar rahatlatıcı olduğunu gördük. Çocuklar için de bu geçerli. Kardeşleri hakkındaki hislerini ve dileklerini açığa çıkarabilmeliler."

Adam "Evet" dedi. "Ama yetişkinler kendilerini kontrol edebilirler, benim endişem çocukların bu duygularına yeşil ışık yakarsak bunları uygulamaya koyabilirler."

"Duygular ile davranışlar arasındaki ayrımı iyi yapmalıyız" diye cevap verdim. "Çocukların tüm duygularını ifade etmelerine izin verebiliriz, ama birbirlerine zarar vermelerine değil. Bizim görevimiz zarar vermeden öfkelerini nasıl ortaya koyacaklarını onlara göstermek."

Onlara bu seans için çoğalttığım çizgi hikâyeleri dağıttım. "Bu teoriyi küçük çocuklarda, daha büyük çocuklarda ve ergenlerde nasıl uygulayacağınızı göreceksiniz."

ÇOCUĞUNUZUN KARDEŞİ HAKKINDAKİ OLUMSUZ DUYGULARINI GEÇİŞTİRMEK YERİNE ONUN DUYGULARINI ONAYLAYIN

Aşağıdaki ifade yerine...

Duyguları sözcüklere dökün

Aşağıdaki ifade yerine...

Duyguları sözcüklere dökün

Aşağıdaki ifade yerine...

Duyguları sözcüklere dökün

ÇOCUKLARIN GERÇEKTE SAHİP OLMADIKLARINI HAYAL ETMELERİNE İZİN VERİN

Aşağıdaki ifade yerine...

Çocuğun hayal ettiği şeyi ifade edin

Aşağıdaki ifade yerine...

Çocuğun hayal ettiği şeyi ifade edin

Aşağıdaki ifade yerine...

Çocuğun hayal ettiği şeyi ifade edin

ÇOCUKLARIN DÜŞMANCA DUYGULARINI SEMBOLİK YA DA YARATICI BİR ŞEKİLDE İFADE ETMESİNE YARDIMCI OLUN

Aşağıdaki ifade yerine...

yaratıcı bir şekilde ifade etmesi için onu cesaretlendirin

Aşağıdaki ifade yerine...

yaratıcı bir şekilde ifade etmesi için onu cesaretlendirin

Aşağıdaki ifade yerine...

yaratıcı bir şekilde ifade etmesi için onu cesaretlendirin

ZARAR VEREN DAVRANIŞLARI DURDURUN. ÖFKENİN NASIL GÜVENLİ BİR ŞEKİLDE İFADE EDİLECEĞİNİ GÖSTERİN. SALDIRANA SALDIRMAKTAN KAÇININ

Aşağıdaki ifade yerine...

Öfkesini daha iyi ifade edecek yollar gösterin

Aşağıdaki ifade yerine...

Öfkesini daha iyi ifade edecek yollar gösterin

Aşağıdaki ifade yerine...

Öfkesini daha iyi ifade edecek yollar gösterin

Akşamın geri kalanını çizgi hikâyeleri inceleyerek, onlar hakkında tartışarak ve denemeler yaparak geçirdik.

"Artık belki oğlum büyükannesinin bebekle çok fazla vakit geçirdiğinden şikâyet ettiğinde ona 'Seninle daha fazla vakit geçirmesini istiyorsun' diyeceğim."

"Bir dahaki sefere Lori kardeşine vurduğunda ona öfkesini elleriyle değil sesiyle göstermesini söyleyeceğim."

Herkes bu yeni tekniği evde çocuklarına nasıl uygulayacağını düşünmekle meşguldü.

Bir süre sonra bakışların donuklaştığını fark ettim. Seansın da sonuna gelmiştik.

Çıkmak için eşyalarımızı toparlarken aramızda şöyle bir konuşma geçti:

"Bu kadar şeyi kim aklında tutabilir?"

"Kendimi kötü hissediyorum. Söylememem gereken her şeyi söylemişim."

"Bu kadarı benim için çok fazla, çocukları haftada bir terapiste gönderirim daha iyi."

"Haftada bir mi? Bizim eve yatılı terapist gerek."

Onları dinleyince "İnsanın neyin yanlış olduğunu bildiği ama doğrusunu nasıl yapacağını bilmediği ara bir dönemde olması ne kadar sinir bozucu. Hepsinin endişeli olmasına şaşmamalı" diye düşündüm.

Ama ben de bir zamanlar orada olduğum için bu sıkıntıların geçici olduğunu biliyordum. Zaman, alıştırma ve kazanılan küçücük bir başarıyla kısa süre sonra bu becerileri kazanmanın hiç de zor olmadığını göreceklerdi. Bunu henüz bilmiyorlardı ama bu yola girmişlerdi.

Ufak bir hatırlatma notu...

KARDEŞLER BİRBİRLERİNİN DUYGULARINI ANLAMALIDIR

ÇOCUK: Onu öldüreceğim! Yeni patenlerimi aldı.
Duyguyu ifade eden sözcüklerle
"Kızgın görünüyorsun!"

ya da

Dileklerle
"Eşyalarını kullanmadan önce izin almasını dilerdin."

ya da

Sembolik veya yaratıcı bir etkinlikle
"Üstünde 'özel mülk' yazan bir tabela yapıp dolabına asmaya ne dersin?"

ÇOCUKLARIN ZARAR VEREN DAVRANIŞLARININ DURDURULMASI GEREKİR

"Dur! Kimse kimseye zarar veremez!"

VE ÖFKELERİNİ NASIL KABUL EDİLEBİLİR BİR ŞEKİLDE BOŞALTACAKLARININ GÖSTERİLMESİ GEREKİR

"Ona sözcüklerinle ne kadar kızgın olduğunu anlat. 'Patenlerimin iznim olmadan kullanılmasını istemiyorum' de."

Sorular

İnsanlar bu seansın ardından çocuklarının duygularını anlayarak, kafalarında sorularla ve evde olanları paylaşma isteğiyle geri geldiler. Önce sorular...

Oğluma öfkesini anladığımı göstermeye çalıştım. Hatta ona "Erkek kardeşinden nefret ettiğini biliyorum" dedim. Ama bu onu daha da sinirlendirdi. "Hayır, etmiyorum" diye bağırdı. Neyi yanlış yapıyorum?

Çocuklar genellikle kardeşlerine karşı karmaşık duygular beslerler. Onlara kardeşlerinden sadece nefret ettikleri söylenirse rahatsız olur ve sinirlenirler. "Bana öyle geliyor ki kardeşine iki farklı şey hissediyorsun; bazen ondan hoşlanıyorsun, bazen ona sinirleniyorsun" demek daha faydalı olabilir.

Peki ya çocuk sürekli kardeşinden nefret ettiğini söylüyorsa? Ona "Evet ondan nefret ettiğini anlıyorum" deyince "Evet, ondan nefret ediyorum!" diye bağırıyor. "Vay canına, ondan gerçekten nefret ediyorsun" deyince de "Bu doğru, ondan nefret ediyorum" diye haykırıyor ve aslında bu konuşmanın bize hiçbir faydası olmuyor.

Bir çocuğa öfkesinin içinde dönüp durmaktan kurtulması için, duygularını onu ileri götürecek bir şekilde ifade etmek gerekir. Aşağıdakine benzer ifadeler ona yardımcı olabilir:

"David'e kızgın olmanı anlıyorum."

"Yaptığı bir şey seni gerçekten rahatsız etti."

"Söylediği bir şey seni öfkelendirmiş olmalı."

"Bana bunu biraz daha anlatmak ister misin?"

3 yaşındaki çocuğuma "Kız kardeşine vurma, odana git oyuncak bebeğine vur" diyorum, ama bunu reddedip yine kardeşine vuruyor. Bu şekilde davranmaya devam etmeli miyim?

Çocuğa oyuncak bebeğine odasında vurmasını söylemek ile duygularını göstermesi için sizin yanınızda oyuncak bebeğine vurmaya davet etmek arasında büyük bir fark vardır. Bu durumda şöyle bir ifade daha faydalı olabilir: "Kardeşine vurmana izin veremem, ama oyuncak bebeğe vurarak bana ne kadar öfkeli olduğunu gösterebilirsin."

Anahtar sözcükler "Bana gösterebilirsin." Çocuk oyuncak bebeğine doğru parmağını salladığında ya da onu yumrukladığında anne baba çocuğun hissettiklerini sözcüklere dökebilir.

"Kardeşin gerçekten de canını sıkıyor."

"Bazen seni çok sinirlendiriyor!"

"Bunu bana göstermene çok sevindim. Ne zaman böyle hissedersen mutlaka yanıma gel ve yine bana söyle."

3 yaşındaki çocuğuma oyuncak bebeğini kullanarak bana bebek hakkında ne hissettiğini göstermesini istedim. Ama oyuncağının kafasını yere vurdukça bunun onun için iyi olabileceğini bilsem de izlemeye dayanamadım. Böyle hisseden sadece ben miyim?

Yalnız değilsiniz. Çoğu anne baba çocukların duygularını ifade etmesi için eski yastıkları, kili, parmak boyaları ya da pastel boyaları kullanmasının kendilerini daha iyi hissettirdiğini söylüyor:

"Bana nasıl hissettiğini çizebilir misin?"

"Bu siyah zikzak çizgilere bakınca ne kadar kızgın olduğunu anlıyorum."

"Yastığı böyle salladığında ne kadar öfkeli olduğunu anlıyorum. Gırr!"

Ve kullanabileceğiniz hiçbir malzeme yoksa her zaman sözcükleri kullanabilirsiniz:

"Bebeği çimdiklemene izin veremem ama çok kızgın olduğunu bana sözcüklerle anlatabilirsin. Yüksek sesle 'Çok KIZGINIM!' diyebilirsin."

Akrabalar gelip bebekle ilgilendiğinde 5 yaşındaki çocuğum kahroluyor. Sonra acısını bebekten çıkarıyor. Bu konuda ne yapabilirim?

Bu iyi niyetli ahalinin ağzını bağlayabilsek ne kadar iyi olurdu değil mi? Akrabalarla bunu önceden konuşabilir ve çocuğunuzun da hissettiği duyguları yüzeye çıkararak onun acısını hafifletebilirsiniz.

"Herkesin 'Aman ne tatlı' diyerek küçük kardeşinin etrafına toplanıp agu gugu yapması seni sinir ediyor değil mi? Bebekken aynısını sana da yapıyorlardı ama yine de öfkelenmeni anlıyorum. Bu bir daha olursa bana bir işaret ver, mesela göz kırpmak gibi, ben de sana göz kırparım. Böylece benim seni anladığımı anlarsın. Bu bizim sırrımız olsun."

Oğlum sanki hiçbir şeyi kardeşinin bakış açısıyla göremiyor. Ona "O sana aynısını yapsa nasıl hissedersin?" diye sordum ama bana cevap vermedi. Neden olabilir?

Bu soru onu sıkıştırıyor. Dürüst bir şekilde cevap verecek olursa bundan hoşlanmayacağını kabul etmek zorunda kalacak. Oğlunuzun başka bir bakış açısını benimsemesini istiyorsanız ona da prim veren basit bir ifade kullanın. "Aynısı sana yapılsa nasıl hissedeceğini hayal edebilirsin." Şimdi bunun üzerinde düşünecek "Hayal edebilir miyim? Nasıl hissederdim?" Ama kendinden başka kimseye cevap vermek zorunda kalmayacak. Ve bu yeterli.

Ergenlik çağındaki kızım sürekli erkek kardeşini şikâyet ediyor. Bazen dayanamıyorum. Bana her geldiğinde onu dinlemek zorunda mıyım?

Bazen hepimizin dinlemeye tahammül edemediği durumlar olabilir. Önemli olan, çocuğunuzun bunu anlamasını sağlamaktır. "Kardeşine ne kadar kızdığını anlıyorum ama şu anda bunu dinleyebilecek gücüm yok. Akşam yemeğinden sonra konuşalım, olur mu?"

Bir anne ardı arkası kesilmeyen şikâyetlere sabredemediğini anlayınca her çocuğuna birer not defteri almış. Kişisel bir şikâyet defteri. Birbirlerine kızdıklarında bunu deftere yazacak ya da çizeceklerdi. Defterler hemen kullanılmaya başlandı ve anneye şikâyet gözle görülür derecede azaldı.

Hikâyeler

Uzun yıllardır bu seansları idare ediyorum. Yine de sadece bir ya da iki seanstan sonra anne babaların teoriyi pratiğe çevirip hem orijinal hem de kendi yatkın oldukları yöntemlerle uygulamaya koyduklarını görünce şaşırıyorum. Birazdan paylaşacağım tüm tecrübeler grupta yazılmış ya da anlatılmış şeylerdir. Birkaçına hafifçe edisyon yapılmış ve sadece çocukların isimleri değiştirilmiştir.

İlk iki hikâye herkesi şaşırttı. Bunlar henüz anne karnında bebeklerin sorun çıkarmasıyla ilgiliydi.

Yedi aylık hamileyim. 5 yaşındaki kızım Tara'ya bebeğim olacağını açıkladığımda hiçbir şey söylemedi, ama geçen hafta karnıma dokunup "Bebekten nefret ediyorum" dedi. Şok oldum ama duygularını saklamak yerine bana söylediği için de sevindim. Çünkü bu konuda rahatsız olduğunu hissediyordum. Açık açık söylemesi bana güvendiği anlamına geliyordu. Ama buna hazırlıklı olsam bile –neredeyse bunun geleceğini hissediyordum– yine de küçük bir bomba gibiydi.

"Bunu bana söylemene sevindim Tara. Bebek yüzünden sana vakit ayıramayacağımı düşünüyorsun değil mi?" Başıyla onayladı. Ben de "Böyle hissettiğinde bana söyle, ben de sana vakit ayırayım" dedim. Bomba imha edildi ve o günden beri bu konuyu bir daha hiç açmadı.

* * *

Eşim Kay ve ben 6 yaşındaki oğlumuz Michael'a kardeşi olacağını söylediğimizde birden heyecanlandı. Sonra bir an düşündü ve "Olamaz!" dedi. O gece yatağını ıslatmaya başladı.

Bebek doğduğunda onu hiç kıskanmadı. Hatta ona mükemmel davrandı. Onu kucaklayıp göz kulak oldu, çok korumacıydı. Ama annesine karşı davranışları değişti. Ona tekme atıyor ve vuruyordu. Annesi "Bana zarar vermene izin vermeyeceğim" diyerek onu durdurduğunda bu kez etrafa krem, diş macunu sürmeye başladı. Bütün bunların üstüne öğretmeni arayıp dersi dinlemediğini, dikkatinin dağınık olduğunu söyledi.

Kay'le bu konu hakkında konuştuk, belki de duygularını ifade etmesine izin vermediğimiz için böyle davranıyor diye düşündük. Ona burada konuştuğumuz bazı şeyleri söylemeye başladım. Örneğin "Annenin bebeği emzirmek, altını değiştirmek gibi işler yüzünden sürekli onunla meşgul olması seni kızdırabilir" dedim. Kay de "Annelerin bebeği olduğunda diğer çocukları artık annelerinin onları sevmediğini düşünebilir. Eğer böyle hissedersen hemen gelip bana söyle ki sana kocaman sarılayım" dedi. Ayrıca bebekle sırayla ilgilenerek sadece ona özel, bebeksiz vakitler ayırdık.

Kesinlikle faydası oldu. Evdeyken çok daha iyi. Veli toplantısında öğretmeni "İnanamıyorum, Micheal'a ne oldu böyle? Artık en iyi öğrencilerimden biri!" dedi.

* * *

Bir sonraki hikâye yeni tekniğini 10 yaşındaki oğlu Hal'le uygulamaya çalışan bir anne hakkında. Çocuğun söyledikleri onu kızdırmasına rağmen bir şekilde onun duygularını anlamayı başarıyor.

Geçen haftaki seansımızdan birkaç gün sonra çocuklar okuldan dönmediler. Öyle geciktiler ki onları aramaya çıktım ve 6 yaşındaki Timmy'nin ağlaya ağlaya yürüdüğünü gördüm. Arkasından ağabeyi 10 yaşındaki Hal geliyordu.

Koşup Timmy'nin yanına gittim. Hıçkıra hıçkıra Hal'in ona yumruk attığını, ittiğini ve onu tekmelediğini söyledi.

Gözüm döndü. Hal'e vurmak istedim ama kendime engel oldum. Onun yerine Timmy'yi kucaklayarak onu rahatlatmaya çalıştım. Sakinleştiğinde ona yiyecek küçük bir şey verdim ve oynamaya gitti.

Bu sırada Hal bizi izliyordu. Timmy gittiğinde "Hikâyeyi ne zaman benden dinleyeceksin?" diye sordu. "Şimdi" dedim. Sonra otobüste üç çocuğun onu dövmekle tehdit ettiğini ve onlardan kaçarken çantasını düşürdüğünü, koruya koştuğunu anlattı. Çocuklar gidince korudan çıktığını, bu sırada Timmy'nin çantasını aldığını gördüğünü söyledi. Ona göre buna hiç hakkı yoktu. Ağabeyinin dayak yiyecek olması umurunda değildi. Timmy bunu hak etmişti.

O hafta seansa katıldığım için Hal çok şanslıydı. Kendimi tuttum ve "Timmy çantanı aldığı için dayak yemeyi hak ettiğini düşündün" dedim.

"Bu doğru" dedi bağırarak. "O benim çantam."

Bundan sonra ne diyeceğimi bilemedim ve akşam yemeğini hazırlamak üzere mutfağa gittim. Bir süre sonra Hal sessizce gelip yanımda durdu. Başını kaldırıp çok kısık bir sesle "Bir şey söylemek istiyorum ama söyleyemiyorum" dedi.

Onu dinlemeye hazır olduğumu söyledim. Çok mutsuz görünüyordu ve bir şey söyleyemiyordu. "Yazabilir misin peki?" diye sordum.

Bir kâğıda "Timmy'ye çok zarar vermiş olabilirim" yazdı.

Sadece şefkatle "Ooo" diyebildim.

Orada durmuş bakıyor ve çok üzgün görünüyordu. "Bu yüzden kendini kötü hissediyorsun" dedim.

Başını salladı. Sonra olayla ilgili hissettiği her şey ağzından döküldüverdi. Çok kızmıştı. Diğer çocuklar onu çok korkutmuştu. Ve sonunda "Anne eğer o çocuklar bana bulaşmasaydı Timmy'yi dövmezdim" dedi.

"Anlıyorum" dedim.

O akşam Hal, Timmy'ye her zamankinden çok daha iyi davrandı.

* * *

Bir baba, kızının erkek kardeşine karşı hissettiği öfkeyi orijinal bir şekilde anladığını anlattı. Onun duygularını sadece sözcüklere dökmekle kalmamış, bu sözcükleri de kâğıda yazmıştı.

Önceki gece Jill bana erkek kardeşini şikâyet etmeye geldi. Onu anladığımı söylemeye çalıştım ama öyle öfkeliydi ki beni duymadı bile. Sonra bir kalem aldım ve onun söylediklerini yazmaya çalıştım.

1. Jill, Mark'ın evdeki paralel telefonu açıp konuşmalarını dinlemesine çok kızıyor.
2. Masada ağzını şapırdatmasından ve çatalı dişine sürtmesinden nefret ediyor. Bunlar onun midesini bulandırıyor.
3. Onun kapıyı çalmadan odasına girmesini istemiyor. Özellikle ona bağırdığında ve çıkmasını söylediğinde gülmesine çok kızıyor.

Bir anlığına susunca yazdıklarımı ona okudum. Kendi sözcüklerini duymak ilgisini çekmişti. "Başka bir şey var mı?" diye sordum. Vardı; iki şikâyetini daha ekledi, onları da yazdım.

Ardından "Mark'ın bu listeyi görmesi gerekiyor" dedim. "Ama bence bir kişinin aynı anda beş şikâyeti birden kaldırması çok zor olabilir. Seni en çok rahatsız eden bir ya da iki tanesini seçebilir misin?"

Listeyi tekrar okudu ve iki maddeyi işaretleyerek cebine koydu.

Sonra ne oldu bilmiyorum. Sormak istedim ama bu tartışmanın dışında kalmam daha doğru olur diye düşündüm.

* * *

Yeni ve deneysel bakış açılarıyla anne babalar çocuklarına gerçekte veremediklerinin hayalini sunduklarında ne olacağını görmek için sabırsızlanıyorlardı. Sonuçlar onları şaşırttı.

5 yaşındaki Roy uzun bir hikâyeyle ağlayarak bana geldi. Billy ona şöyle yapmış böyle yapmış, onu odadan atmış ve ona baş belası demişti.

ANNE: Bu duygularını incitmiş olmalı. Sana kibarca yalnız kalmak istediğini söylemesini beklerdin.

ROL: (*Bir şey söylemiyor ama ağlamayı kesiyor.*)

ANNE: "Haydi Roy, gel oynayalım" demesini isterdin.

ROY: Evet. Ve teleskopundan bakmama izin vermesini isterdim.

ANNE: Hem de istediğin kadar.

ROY: Ve bana çıkartmalarından vermesini isterdim. Küçük bir kardeşim olsa ben ona verirdim.

ANNE: Nasıl bir ağabey olacağını biliyorsun.

ROY: Evet! Haydi bir bebek yap!

Bundan sonra diyecek başka bir şey bulamadım.

* * *

Bu yeni beceriyi edinirken anne babaların çektiği en büyük sıkıntı her zaman doğru şeyi yapma ve doğru şeyi söyleme baskısı duymaları. Neyse ki kısa sürede çocuklarıyla her zaman ikinci bir şansları olduğunu görüyorlar. Birazdan bir babanın öfkeli bir tepkiden nasıl döndüğünü göreceksiniz.

8 yaşındaki Liz'in doğum günü, 11 yaşındaki Paul'ü öfkelendirdi. İşbirliğini kesinlikle reddediyordu. Parti bodrumda yapılacaktı. Paul'e yerde duran eşyalarını toplamasını söylediğimde "Gidin başımdan" dedi. Öyle sinirlendim ki çok çirkin davrandığını ve odasına gitmesini söyledim. Paul, odasına gidip kapıyı tüm gücüyle çarptı.

Bu kadar çocukça davranmasına inanamıyordum; sonuçta 11 yaşındaydı. Sonra o yaşta bile kardeşi için yapılan bunca hazırlığın onu etkileyebileceğini fark ettim. Odasına gittiğimde kendimi ona daha yakın hissediyordum.

"Bütün hafta sadece parti lafı duymak sinir bozucu olmalı" dedim. "Hele de kendi doğum gününe bunca vakit varken."

"Beş ay" dedi öfkeyle.

"Sanırım altı" dedim.

Parmaklarıyla saydı. "Nisan, mayıs, haziran, temmuz, eylül."

"Ya ağustos?" diye sordum.

"Ah hayır! Ağustosu unutmuşum. Bir de aptal ağustos var, yani daha da uzun!"

"Eminim ekimi hemen gelecek haftaya almak ve böylece kendi partini planlamaya başlamak isterdin."

O günün ilk gülümsemesini gördüm. Biraz daha konuştuktan sonra odadan çıktım.

Paul birkaç dakika sonra bodrumda ıslık çalarak Liz'in doğum günü için eşyalarını toparlıyordu.

* * *

Çocukların birbirleri hakkındaki olumsuz duygularını yaratıcı bir yolla ifade etmeleri fikri grupta pek verimli bir şekilde uygulanamamıştı. Bir kadın bize çocuklarından birkaç kez yazıp çizmelerini istediğini ama reddettiklerini söyledi. Sonra birisi çocukların anne babaların davranışlarını taklit ettiğini ve bir dahaki sefere birine sinirlendiğinde oturup çocukların göreceği şekilde bunu yazmasının ya da çizmesinin işe yarayabileceğini söyledi. Kadın bunu biraz şüpheyle ama nazikçe dinledi. Sonraki seansta bu öneriyi uyguladığında neler olduğunu anlattı.

Son görüşmemizin ertesi sabahı televizyon bozuldu. Mahalledeki tamirciyi aradım ve hemen geldi. On saniyeden kısa sürede sorunu anladı. Fiş gevşek duruyordu. Hafifçe bastırdı ve televizyon çalıştı. Kendimi aptal gibi hissettim.

Ardından benden servis parası aldı. İtiraz ettim ama dinlemedi. Kapıdan çıkarken televizyonu kastederek "Sizi fazla sinirlendirmesine izin vermeyin, buna değmez!" dedi. Arkasından bir küfür savurmak istedim ama çocuklar durmuş beni izliyordu. Büyük bir not defteri aldım ve sayfanın en başına şöyle yazdım:

KIZGINIM!
Bu adamdan nefret ediyorum. O bir hırsız.
Ucuz bir dolandırıcı.
Onu bir daha çağırmayacağım.
Bu yaptığını bütün komşulara anlatacağım.

Sonra onun dili dışarıda ve gözlerinde dolar işaretleri olan çirkin bir resmini çizdim.

Kendimi daha iyi hissediyordum. Çizdiğim korkunç resme bakıp güldüm. Eşim eve geldiğinde çocuklar ona olanları anlatmak için sabırsızlanıyordu.

Eşim ilk başta epey kızdı ama çizdiğim resmi görünce o da güldü. Bu başlangıç olmuştu. O günden sonra çocuklarım sürekli yazıp çizdi. İşte bu 10 yaşındaki oğlumun ağabeyi hakkında çıkardığı liste.

ALEX'İN HATALARININ LİSTESİ

1. Aptallık
2. Salaklık
3. Ahmaklık
4. Geri zekâlılık
5. Alaycılık
6. Kötülük
7. Serserilik
8. Gariplik
9. Tuhaflık
10. Yumurta kafalılık

SONUÇ: Alex'le tanışırsanız ondan anında NEFRET edersiniz. Bu gizli bir bilgidir.

Gizli Servis

Bu da kızımın bu sabah bana getirdiği resim. "Alex kırmızı kalemimi bilerek kırdı. Bu resim ne kadar kızgın olduğumu gösteriyor!"

Grubumuzdaki iki anne baba büyük bir sorunla başa çıkmaya çalışıyorlardı. İki tarafta da çocuklar kendilerinden küçüklere fiziksel olarak saldırıyordu. İki anne baba da yeni teknikleri uygulamaya çalışsa da en çok kullandıkları söz "Sözcüklerle söyle!" oluyordu.

Çocukların söyledikleri sözcükler oldukça şiddetliydi ve çoğunlukla anne babayı dehşete düşürüyordu ama fiziksel şiddet bariz bir şekilde azalmıştı.

Çocukların Christine'in odasında tartıştıklarını duydum. Sesleri epey yükseldi. Sonra Hans odadan hızla çıkıp kendi odasına gitti.

Sonra geri gelip Christine'e "Sana ne kadar kızgın olduğumu biliyor musun? Öyle kızgınım ki şu anda seni bu kâğıt gibi delik deşik etmek istiyorum. (Kalemi kâğıda batırışını duyabiliyordum.) Bunu sana yapmıyorum. Tanrım! Keşke şu anda bu kâğıt gibi delik deşik olsan!" dedi.

Bu onun için çok büyük bir gelişmeydi. İki hafta önce olsa ona gerçekten zarar verirdi.

* * *

7 yaşındaki Lori kesinlikle öfkesini kontrol edemiyor. Kardeşi ona yan gözle bakıverse anında ona vuruyor.

Dün otoyolda 90 km hızla giderken arkada yine başladı.

LORİ: (*Çığlık atarak*) Jason oyuncağıyla gözüme vurdu.
JASON: Hiç de bile!
LORİ: Yalancı!
JASON: Bilerek yapmadım, sadece oyun oynuyordum.

Aynadan Lori'nin yumruğunun kalktığını gördüm.

BEN: Ah Lori! Bu çok acıtmış olmalı. Yanlışlıkla olsa bile insanın gözüne bir şey gelmesi canını çok yakar. Bu seni çok sinirlendirmiş olmalı. Jason'a ne hissettiğini söyle.

Lori ona bir sürü laf saydı ama en azından elini kaldırmadı. Şaşkına dönmüştüm.

* * *

Bazı anne babalar, çocuklarının gösterdiği gelişmeden memnun olsalar da diğerleri bir çocuğun başkasına böylesine tehditkâr konuşmasından rahatsızdı. Biraz konuştuktan sonra çocukların medeni bir tartışma yapabilme becerisinin kazanmalarının yolunun onlara örnek olmaktan geçtiği sonucuna vardık. Eğer çocukların birbirlerine vurması ya da hakaret etmesi dışında alternatifler bulmaları için ısrar edeceksek bizim de alternatifler bulmamız gerekiyordu. Bir baba şunları anlattı:

Ergenlik çağında üç kızım var ve bizim evde herkes birbirine hakaret edip duruyor. Eşim ve ben onlara ya da onlar birbirlerine... Geçen haftaki seanstan sonra bunu kesmemiz gerektiğini anladım. Geçen gün kızların ikisi dondurma için kavga ederken biri diğerine "Seni domuz..." dedi.

"Bir dakika" dedim. "Annenizle bir fikrimiz var, neden oturup konuşmuyoruz."

Oturur oturmaz "Hepimiz böyle hakaretlerle birbirimizin kalbini kırıyoruz. Artık buna bir son vermeyi deneyelim" dedim.

Çok fazla tepki vermediler. "Peki baba, iyi, deneriz" dediler. Ama önümüzde bir süreç vardı. En azından şimdi birbirleriyle kavga ettiklerinde ve biri diğerine "Odamdan çık pislik" dediğinde araya girip "Hey, bir konuda anlaşmıştık, hakaret yok. Ben yapmıyorum siz de yapmayın. Seni neyin rahatsız ettiğini ona söyle" diyorum ve bir bakıyorum ki diyalog başlamış.

Ben de kendimi kaybettiğimde onlar aynısını yapıyorlar. "Baba hani hakaret yoktu" diyorlar. Ben de "Haklısınız, haklısınız, özür dilerim, çok sinirlendim... Pekâlâ... olması hoşuma gitmiyor..." diyorum.

Küçük bir şey ama büyük fark yaratıyor.

* * *

Bundan sonraki hikâye bebeğe sataştığı zaman 5 yaşındaki çocuğunun poposuna vuran anne hakkında. Anne bu kez farklı bir yaklaşım deniyor.

İki huysuz çocukla çok kötü bir sabah geçirmiştim. Market alışverişinden eve dönerken bebeğin arabada uyuduğunu görünce rahatladım. Bu, onun biberonunu hazırlamadan önce aldıklarımı yerleştirecek vaktim olacağı anlamına geliyordu. Ben alışveriş torbalarını taşırken Philip sızlanmaya devam etti. Ona gidip Katie iyi mi diye kontrol etmesini söyledim. Geri dönmeyince merak edip arabaya döndüm. Philip tepesinde çıngırağı salladığı için bebeğin ağladığını görünce öfkeden kudurdum.

Ona "Bebeği sen mi uyandırdın?" diye sordum, "Evet" dedi. Bu kadar uzun süre uyumasına kızmıştı.

Ona vurmamak için kendimi zor tuttum. Onun yerine arabaya vurdum ve çok sinirli olduğumu söyledim. Sonra bebeği aldım ve eve girdim.

Philip içeri gelmedi. Kendini arabaya kapatarak cezalandırıyordu. "İyi" dedim. "Orada otursun."

On dakika sonra gelip kendinden nefret ettiğini söyledi. O zamana kadar sakinleşmiştim.

"Sanırım bir sorunumuz var" dedim. "Bu konuda biraz konuşalım." Birlikte mutfak masasına oturduk. "Bazen bebekten hoşlanıyorsun ama bazen seni çok fena kızdırıyor" dedim.

Başıyla onayladı.

"Haydi bu durumu nasıl düzeltebileceğimizi düşünelim."

Ben başka bir şey söylemeden "Kızgın olduğumda Katie'yi benden uzak tutmalısın, yoksa hırsımı ondan alıyorum" dedi. 5 yaşında bir çocuğun duygularının bu kadar farkında olmasına ve onları bu şekilde ifade etmesine inanamadım. O günden sonra pek çok potansiyel sorunun önüne geçmeyi başardık. Keyfi olmadığı zaman arabada yer değiştirmek istiyor ya da Katie onu rahatsız ettiğinde ben başka bir odada oynamasını öneriyorum.

* * *

Son hikâyeyi seanslarımızda genellikle sessiz kalan bir kadın anlattı. Bunu duyduğumda aklıma psikolog Dorothy Baruch'un sözü geldi: "Kötü duygular dışarı çıkmadan iyi duygular içeri giremez."

7 yaşındaki Melissa'nın 3 yaşındaki kız kardeşini kıskandığını hissediyordum. Ona kötü davranmıyordu, vurduğu falan da yoktu, sadece onu görmezden geliyordu. Ama konu Melissa olduğunda anlamak zordur. Bana benzemiyor, kendisini rahatsız eden şeyleri anlatmaz.

Her neyse, geçen haftaki seanstan sonra kardeşi uyurken Melissa'dan gelip kanepede benimle oturmasını istedim. Ona sarılıp "Baş başa vakit geçirebildiğimiz için çok mutluyum, çünkü seninle ne zamandır konuşamadım. Düşünüyorum da insanın küçük bir kardeşinin olması epey can sıkıcı olmalı. Onunla her şeyi paylaşmak zorunda kalıyorsun; odanı, oyuncaklarını hatta anneni."

Gerisi çorap söküğü gibi geldi. Melissa durmadan konuştu. Duyduklarıma inanamadım. Öyle korkunç şeyler söyledi ki! Ondan ne kadar nefret ettiğini! Bazen kardeşinin ölmesini ne kadar çok istediğini! Midemin bulanmaya başladığını hissediyordum. Neyse ki telefon çaldı, dinlemeye daha ne kadar dayanabilirdim bilmiyorum.

O gece yanlarına çıktığımda gözlerime inanamadım. İkisi aynı yatakta birbirlerine sarılmış yatıyorlardı.

Okuduğumuz ya da anlattığımız tüm bu hikâyelerden sonra birbirimize hayretle baktık. Ne kadar tuhaf ve acılı bir süreçti bu.

Çocukların arasında iyi duygular olsun diye ısrar etmek beraberinde kötü duyguları getiriyordu.

Çocukların arasındaki kötü duyguları anlamak beraberinde iyi duyguları getiriyordu.

Kardeşler arasındaki uyumu sağlamak dolambaçlı bir yoldu. Yine de en kestirme yol buydu.

3. bölüm

Kardeşleri kıyaslamanın tehlikeleri

Şimdiye kadar büyüklerin etkisi olmaksızın kardeşlerin kendi kendilerine geliştirdikleri şiddetli rekabetten söz ettik. Üçüncü seansımızda gruba büyüklerin bu rekabeti nasıl kızıştırdıklarını sordum.

Birisi el kaldırdı, "Kıyaslıyoruz!" dedi.

Buna kimsenin itirazı yoktu, herkes kıyaslama yapmanın rekabeti kızıştırdığını kabul ediyordu. Yine de kıyaslama yapmanın çocuğa nasıl hissettirdiğini görmenin ilginç olacağını düşündüm.

"Benim çocuklarım olun" dedim. "Ve bu söylediklerime içinizden gelen tepkiyi verin."

"Lisa sofrada nasıl davranması gerektiğini çok iyi biliyor. Yemeği elinle yiyerek asla onun gibi olamazsın."

"Ödevini nasıl son dakikaya bırakırsın? Ağabeyin her zaman işini vaktinde bitirir."

"Neden Gary gibi olamıyorsun? O her zaman düzenli; saçları kısa, gömleği pantolonunun içinde. Ona bakmak bir zevk."

Tepkiler gecikmedi:

"Gary'yi çamura iteceğim."

"Ondan nefret ediyorum."

"Herkesi benden daha çok seviyorsun."

"Her şeyi doğru yapamam ki."

"Beni sevmiyorsun."

"Asla istediğin gibi olamayacağım, denemenin ne anlamı var?"

"İyilikte en iyi olamıyorsam kötülükte olurum."

Cevaplarındaki çaresizlik ve öfkeyle irkildim ama beni en çok şaşırtan sonuncusuydu. Gerçekten de bazı çocuklar iyilikte birinci olamayacaklarını düşünüp kötülükte olmaya karar verir miydi?

Birkaç kişi kendi deneyimlerinden yola çıkarak bunu destekleyen örnekler verdi. Sonra birisi Jimmy Carter'ın taşkın erkek kardeşi Billy'yi hatırlattı. Onun soytarılıklarını hatırlayıp güldük. Billy kesinlikle "en kötü" olma işinde en iyiydi.

Bir kadın başını salladı ve "Her zaman öyle olmuyor" dedi. "Bazı çocuklar o kadar mücadeleci olmuyor ve pes ediyorlar. Ben ettim. Annem pek çok kez farklı şekilde kız kardeşim Dorothy'nin ne kadar iyi olduğunu, benim ona göre ne kadar yetersiz olduğumu söyledi. Beni neden doğurduğunu merak ediyordum. Yaptığım en iyi şey, ikisinden de bin mil uzağa taşınmak oldu. Şimdi bile bayramlardan nefret ediyorum, çünkü annem beni sinir etmeye devam ediyor. Beni görür görmez, 'Saçın biraz soluk görünüyor hayatım, Dorothy'nin yaptığı gibi hafif bir dokunuşa ihtiyacı var... Dorothy kendine müthiş bir maaşla yeni bir iş buldu. Senin bu kardeşin gerçekten tuttuğunu koparıyor.'"

Odada söylenenleri destekleyen bir homurtu yükseldi. Bir baba tatsız bir sesle, "Benim babam da her zaman iki ağabeyimi kıyaslardı" dedi. "Ağabeylerim ergenlik çağındayken babam vefat etti ama onlar babamın bıraktığı yerden bu işi sürdürdüler. İnanılmaz bir şey. Şu anda biri 43, diğeri 47 yaşında. Yaptıklarının saçma olduğunu biliyorlar ama kendilerine engel olamıyorlar. Hastalıkta bile yarışıyorlar. İkisi de diyalize bağlı ve ikisi de kendi tedavisinin daha iyi olduğunu iddia ediyor. Büyüyün artık yahu!"

"Bu örneklerin hepsi çok uç" diye yorum yaptı bir kadın. "Ben de oğullarımı zaman zaman kıyaslıyorum ama bunun onlara kalıcı olarak zarar vereceğini sanmıyorum."

Herkes bana baktı. Ben de kadına.

"Hangi durumlarda kıyaslıyorsunuz?" diye sordum.

"Her zaman kıyaslamıyorum tabii" dedi savunmaya geçerek.

"Ama ne zaman?" diye ısrar ettim.

Biraz düşündü. "Bunun kıyaslama olup olmadığından emin değilim. Daha ziyade motive etmek. Örneğin Zachary'ye 'Alex gelir gelmez ödevini bitirdi. Ne babanın ne benim ona bir şey dememize gerek kalmadı' diyorum. Ama asla 'Neden sen de Alex gibi olamıyorsun?' demiyorum."

Dorothy'nin kız kardeşi yerinden sıçrayarak "Öyle demenize gerek yok zaten" diye itiraz etti. "Zachary'nin gayet açık bir şekilde kardeşinin doğru, kendisinin YANLIŞ olduğu mesajını aldığına emin olabilirsiniz."

"Ama her zaman Alex'i örnek göstermiyorum" diye karşı çıktı kadın. "Bazen de Alex'ten üstün özelliklerini göstererek Zachary'yi övüyorum. Onun el becerisinin kardeşinden daha iyi olduğunu söylüyorum."

"Bu da en az diğeri kadar kötü" diye patladı Dorothy'nin kardeşi. "Annem de bana tam olarak bunu yapıyordu. Bir kere annemin benim Dorothy'den daha düzenli olduğumu söylediğini hatırlıyorum. Bir an için kendimi harika hissettim ama sonra endişelenmeye başladım. Ya böyle düzenli olmayı sürdüremezsem diye. O zaman ne yaparım diye düşündüm. Eminim annem beni desteklediğini sanıyordu ama tek yaptığı kız kardeşimle daha çok rekabet etmemi sağlamaktı." Bir an durdu ve "Herkese karşı böyle davranmama neden oldu" diye ekledi. "Bir yetişkin olarak annemin bana yaptığı şeyi kendi kendime yaptığımı ve sürekli başkalarıyla kendimi kıyasladığımı bir yıllık terapinin sonunda anladım. Çok aptalcaydı. Çünkü her zaman bir şeyi sizden daha iyi yapan başka birileri vardır. Terapistimin harika bir sözü vardı: 'Asla kendini başkalarıyla kıyaslama; ya kibirlenir ya ezilirsin.' Her neyse yaşadıklarımdan sonra tek söyleyebileceğim bunun sadece mutsuzluk getirdiği..."

Çocuklarını kıyaslamanın kötü bir şey olmadığını savunan kadın geri çekildi. Az önce duyduklarından sonra tartışmanın anlamı yoktu. Karşısında gerçekten bu acının erbabı olmuş biri vardı.

"Çok tuhaf" dedim gruba. "Çocuklarım küçükken onları kıyaslamayacağıma defalarca yemin ettim. Ama yine de bunu yaptım."

İnsanlar bana şaşkınlıkla baktı.

"Ağzımdan çıkanları duyduğumda şaşkına dönüyordum, sonunda ne olduğunu anladım. Onları ya öfkeden çıldırdığımda kıyaslıyordum ya da sevinçten çıldırdığımda. Her iki durumda da bu sadece bela getiriyordu. Bunu yıkmak için ne zaman bir çocuğu diğeriyle karşılaştıracak olsam kendi kendime 'DUR! YAPMA!' diyordum. Bu çocuğa ne söyleyeceksen doğrudan söyleyebilirsin, kardeşinden söz etmeden. Anahtar kelime *tarif.* Ne gördüğünüzü tarif edin. Ne istediğinizi ya da ne istemediğinizi tarif edin. Ne yapılması gerektiğini tarif edin. Önemli olan tek şey çocuğun davranışına odaklanmak. Kardeşinin ne yaptığının ya da yapmadığının onunla hiç ilgisi yok."

Grubun uygulamayı görebilmesi için az sonra göreceğiniz resimleri dağıttım.

OLUMLU KIYASLAMALARDAN KAÇININ

Aşağıdaki ifade yerine...

Ne gördüğünüzü ya da hissettiğinizi tarif edin

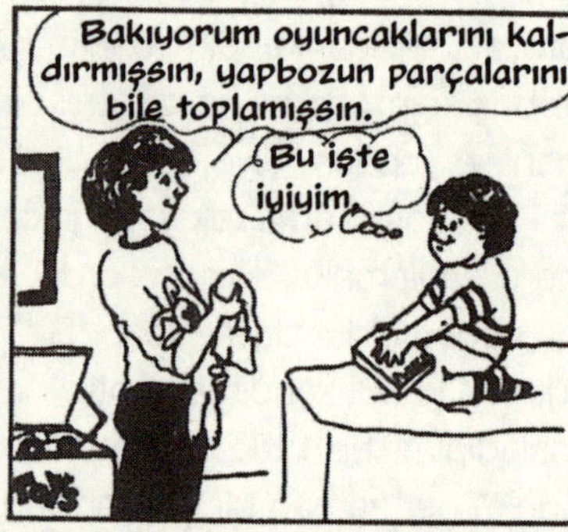

Aşağıdaki ifade yerine...

Ne gördüğünüzü ya da hissettiğinizi tarif edin

Aşağıdaki ifade yerine...

Ne gördüğünüzü ya da hissettiğinizi tarif edin

OLUMSUZ KIYASLAMALARDAN KAÇININ

Aşağıdaki ifade yerine...

Sorunu tarif edin

Aşağıdaki ifade yerine...

Sorunu tarif edin

Aşağıdaki ifade yerine...

Sorunu tarif edin

Resimleri incelerken pek çok spontane yorum yapıldı. Bunların çoğu olumlu kıyaslama yapmanın zararlı olduğu yönündeydi. Gruptaki pek çok kişi bu tür övgülerin diğer çocuğun kendini kötü hissetmesine neden olduğunu söyledi. Diğer konuya geçmek üzereydim ki birkaç kişinin suratının asıldığını fark ettim.

"Sizi rahatsız eden bir şey mi var?" dedim.

Onları rahatsız eden ciddi bir mesele olduğu ortaya çıktı. Ben de onları endişelendiren soruları cevaplamaya çalıştım.

"Kıyasıya rekabetin olduğu bir toplumda yaşıyoruz. Çocuğun dış dünyaya hazırlanması için evde biraz rekabete ihtiyaç yok mu?"

"Hazırlanmaktan kastınız işini iyi yapabilmesi, kendini doğru ifade edebilmesi ve hedeflerine ulaşmasıysa bütün bunları işbirliğinin baskın olduğu bir çevrede de öğrenebilir. Bana göre işbirliği ortamında büyümenin en büyük avantajı, kişinin hem başkalarına saygı göstermeyi hem de kendine güvenmeyi öğrenmesidir."

"Peki rekabete hiç ihtiyaç yok mu?"

"Evet bu da başarıyı destekleyebilir ama her zaman bir bedeli vardır. Okullarda ve işyerlerinde yapılan araştırmalara göre, rekabet arttıkça insanlarda baş ağrısı, mide ağrısı, sırt ağrısı gibi fiziksel semptomlar ortaya çıkıyor. Ayrıca gerginlik, şüphecilik, düşmanlık gibi duygusal semptomlar da görülüyor. Bırakalım evlerimiz bu tür bir gerginlikten uzak olsun."

"Ben çocuklarımı hiç kıyaslamıyorum ama ne zaman kızıma oğlum hakkında güzel bir şey söylesem sanki ikisini kıyaslıyormuşum gibi tepki veriyor. 'Onun benden daha iyi olduğunu düşünüyorsun' diyor. Onu hiç anlamıyorum."

"Çocuklar genellikle kardeşlerin övülmesini kendilerinin yerilmesi olarak algılar. 'Kardeşin çok anlayışlı' dediğimizde otomatik olarak 'Annem benim anlayışsız olduğumu düşünüyor' diye geçirir içinden. Coşkulu yorumlarımızı bu yorumların muhatabına saklamamız gerekir."

"Peki ya çocuklardan biri size özel bir durum hakkında bir şey söylüyorsa ve diğerleri de o sırada oradaysa ve sizi duyuyorlarsa?"

"Bu zor bir durum. Kazandığı bir başarı için heyecanlı olan bir çocuğu geçiştirmek istemeyiz. Öte yandan diğerlerinin duygularını da incitmek istemeyiz. Bu durumda en doğrusu, çocuğun kendi hakkında ne hissetmiş olabileceğini ('Kendinle gurur duyuyor olmalısın!') ya da başardığı şeyi ('Azim ve çok çalışma madalyayı getiriyor!') tarif etmektir.

Önemli olan 'Çok heyecanlıyım, babana ve komşulara anlatmak için sabırsızlanıyorum' cümlesini sarf etmemektir. Çocuğunuzun başarısına dair duyduğunuz mutluluğu ve heyecanı ikinizin baş başa olduğu bir ana saklamalısınız. Çünkü bunu duymak diğer kardeşlere ağır gelebilir."

"Ama bazen diğer kardeşlerin dinlemesini engelleyemiyorsunuz. Örneğin karne günü. Bizim evde çocuklar bana karnelerini aynı anda gösteriyorlar. Geçen hafta oğlum karnesinde matematiğin B geldiğini göstermek için sabırsızlanıyordu (çünkü önceki karnesinde C'ydi). Ben de 'Vaay harika' diyordum ki o sırada kız kardeşi matematiğin A geldiğini gösterdi. Balon birdenbire söndü. Onun aldığı B'nin hiçbir değeri kalmadı."

"İki çocuğunuza da kesin bir şekilde 'Burada karne yarışı diye bir şey yok. Bunlar sizin son altı haftadaki çalışmalarınızın ve davranışlarınızın göstergesi. İkinizle de ayrı ayrı oturup hem öğretmenlerinizin sizin durumunuzla ilgili ne dediğini hem de sizin kendi gelişiminiz hakkında ne hissettiğinizi konuşmak istiyorum' diyebilirsiniz."

"Ama çocukların ben yokken karnelerini karşılaştırmalarına nasıl engel olabilirim?"

"Engel olamazsınız. Buna gerek de yok zaten. Eğer birbirlerine karnelerini göstermek istiyorlarsa bu onların bileceği iş. Önemli olan annelerinin ve babalarının onları ayrı bireyler olarak gördüğünü ve notlarını karşılaştırmadığını bilmeleri."

Başka soru yok gibiydi, ben de tam konuyu toparlıyordum ki kadınlardan biri heyecanla elini kaldırdı ve ona döndüğüm anda anlatmaya başladı:

"Eğer çocuklarım sadece notlarını karşılaştırıyor olsaydı mutluluktan havalara uçardım. Ama tüm gün boyunca her şeyi karşılaştırıyorlar. Göbek deliklerine kadar! 'Benimki içeri çökük, seninki dışarı çıkık.' Sürekli biri diğerinin sahip olduğu şeye bakıp bunu dert ediyor: 'Onunki daha güzel... hayır onunki daha güzel... Neden onu ona aldın? Neden bana da ondan almadın?' Kendimi sürekli her şeyin eşit olması için çabalarken buluyorum. Beni o kadar yıpratıyorlar ki eğer Gregory'ye bir çift çorap alıyorsam, ihtiyacı olmadığı halde Dara'ya da almak zorunda kalıyorum."

Salona baktım. "Tabii ya" dedim. "Burada kimsenin böyle bir sorunu yok. Kimsenin çocuğu sürekli kendini kardeşiyle kıyaslayıp eşit muamele talep etmiyor."

Sızlananlar ve kahkahalarla gülenler oldu.

"Bayanlar baylar" dedim. "Çok ağır bir yükten kurtulmak üzeresiniz. Gelecek hafta buraya geldiğimizde çocukların eşit bir muamele bekledikleri efsanesini ortadan kaldırmaya çalışacağız. Bu arada siz de kıyaslama yapmamaya çalışın ve bunun size ne getireceğine bakın."

Ufak bir hatırlatma notu...

KIYASLAMA İSTEĞİNİZE DİRENİN

Çocuğunuzun olumsuz bir davranışını diğeriyle kıyaslamak yerine ("Neden sen de kardeşin gibi kıyafetlerini asmıyorsun?") çocuğa sadece sizi rahatsız eden davranıştan söz edin.

Ne gördüğünüzü tarif edin.
"Yerde yepyeni bir ceket görüyorum."

Ne hissettiğinizi tarif edin.
"Bu beni rahatsız ediyor."

ya da

Ne yapılması gerektiğini tarif edin.
"Ceketin dolaba asılması gerekiyor."

Çocuğunuzun olumlu bir davranışını kardeşiyle kıyaslamak yerine ("Sen kardeşinden çok daha düzenlisin") sadece sizi memnun eden davranıştan söz edin.

Ne gördüğünüzü tarif edin.
"Ceketini astığını görüyorum."

ya da

Ne hissettiğinizi tarif edin.
"Bunu takdir ediyorum. Kapının girişini düzenli görmek hoşuma gidiyor."

Hikâyeler

Bir çocuğu diğeriyle kıyaslamamak birçok anne babaya beklediğinden daha zor geldi. Anne babalar yaşadıklarını gruba anlatırken ne yaptıklarından çok ne yapmaktan kendilerini alıkoyduklarını paylaştılar.

Kay yatak odasında bebeğe biberonunu veriyordu. Michael'a mutfağa gelmesini söyledim ve öğle yemeği için ne istediğini sordum. Sızlanmaya başladı. "Ne istediğimi bilmiyorum... Keşke bebek olsaydım. Bebeklerin hiçbir şey yapmasına gerek yok, her şey onlar için yapılıyor. Giyinmek zorunda değiller, yıkanmak zorundan değiller, ne yiyeceklerine karar vermek zorunda değiller."

Normalde Michael'ın durumunu övmek için bebeği küçümseyecek şeyler söylerdim; "Evet ama bebek konuşamıyor, yürüyemiyor, bez takmak zorunda" gibi... Ama geçen haftaki seansta konuştuklarımız aklımdaydı ve onu dinlediğimi göstermek istedim. Sonuçta epey güzel bir sohbet oldu:

BABA: Bebek olmanın eğlenceli olduğunu düşünüyorsun, çünkü bebekler için her şey yapılıyor.

MICHAEL: Evet. Baba, ya sen bebek olmak ister miydin, istemez miydin?

BABA: (*Gülerek*) Ben astronot olmak isterdim.

MICHAEL: Öyle bir seçenek yok! Bebek olur muydun olmaz mıydın?

BABA: Olduğum gibi olmayı seçerdim.

MICHAEL: Neden?

BABA: Bebekten daha fazla şey yapabiliyorum. Seçim yapıp karar alabiliyorum.

MICHAEL: Yani mesela pembeyi sevmiyorsan pembe bir şey giymek zorunda değilsin.

BABA: Evet.

MICHAEL: Maviyi mi seviyorsun, yeşili mi?

BABA: Bazen maviyi seviyorum bazen yeşili. Şu anda daha çok maviyi seviyorum.

MICHAEL: (*Bir süre düşünüp*) Şu anda ben de fıstık ezmeli ve reçelli sandviç istiyorum.

* * *

John dün gece beni üniversiteden aradı ve sesi mutlu geliyordu. "Az önce vize sonuçlarımı aldım. Tabii Karen'ın sonuçları kadar değil ama..."

Az kalsın her zamanki gibi "Evet ama Karen'ın ne kadar çok çalıştığını biliyorsun, sen daha çok sporla uğraşıyorsun aynı sonuçları bekleyemezsin..." gibi bir şey diyerek sözünü kesecektim.

Sonra, hayır, bu sefer "Karen'ın notlarının seninkilerle ne ilgisi var? Ben sana sen olarak bakıyorum, Karen'ın kardeşi olarak değil" gibi bir şey söyleyeyim dedim. Sonra Karen'dan söz etmeye ne gerek var, diye düşündüm ve nihayet "Paul sesin çok mutlu geliyor, vize sonuçların gayet iyi olmalı" dedim. Ardından hiç Karen'dan bahsetmeden onun notları ve gelecek dönem için neler planladığından söz ettik.

* * *

Yatma zamanı.

BEN: Allen! Jennifer! Yatma zamanı. Pijamalar ve dişler. (*Allen söylediklerimi yapmak için yerinden kalkıyor.*)

JENNIFER: (*Sızlanarak*) Hayır, istemiyorum.

BEN: Yatmaya hazırlanma zamanı.

JENNIFER: Hayır, sen hazırlan.

BEN: (*Sinirlenmiş ve yılmış halde "Neden sen de kardeşin gibi bizimle işbirliği yapmıyorsun!" diye bağırmak istiyorum ama en iyisi kalkıp Allen'ın odasına giderek sakinleşmek diye düşünüyorum. Jennifer arkamdan geliyor. Allen yatmaya hazır.*)

BEN: (*Allen'a*) Artık hazırsın. Yatma zamanı olduğunu duyunca hemen pijamalarını giyiyor ve dişlerini fırçalıyorsun. Böylece bana çok yardımcı oluyorsun. (*Jennifer hakkında tek kelime etmiyorum.*)

BONUS: Jennifer daha fazla bir şey söylememe gerek kalmadan yatmaya hazırlanıyor.

BİR BONUS DAHA:

ALLEN: (*Odasından*) Yarınki kıyafetlerimi düşünmene gerek

yok. Onları da hazırladım. Sana yardımcı olmak çok hoşuma gidiyor.

BEN: (*Allen'a*) Teşekkür ederim. (*Jennifer'a*) Yatmaya hazır olduğunu görüyorum. (*"Senin de" demedim.*)

Jennifer gururlu görünüyor.

* * *

11 yaşındaki Matthew kendini sürekli ağabeyiyle kıyaslıyor ve böyle yaptıkça kendini hep daha küçük ve daha beceriksiz hissediyor. Ama geçen hafta sonu hiçbirimizin akıl edemediği bir şey yaptı. Pazar sabahı elektrikli çim biçme makinemiz bozuldu. Matthew, babasının ve benim zaten bu ay faturaları zor ödeyecekken yeni bir çim biçme makinesinin bizi iyice eksiye düşüreceğini söyleyerek yakındığımızı duydu. Birkaç saat sonra satın aldığı ikinci el eski tip, elle çalışan bir çim biçme aletiyle çıkageldi. Üstelik 3 dolara bulduğu bu aleti kendi parasıyla almıştı.

İnanamadım. Öyle heyecanlandım ki neredeyse ailede ondan başka kimsenin bunu akıl edemediğini söyleyecektim. Ama sustum. Babası da sustu. Ve bunun çok iyi bir hamle olduğunu düşünen ağabeyi tabii ki sustu. Sonunda kendini kanıtlamıştı. Ağabeyi kadar iyiydi.

Sadece yaptığı şeyi tarif etmek için kendimi nasıl tuttuğumu anlatamam. "Matt, babanın ve benim yeni çim biçme makinesi için endişelendiğimizi duydun, bize nasıl yardımcı olabileceğini düşündün ve gerçekten işe yarar bir çim biçme aleti bularak bize yardım etmenin bir yolunu buldun. Hem de 3 dolara!"

Yaptığım tarif karşısında Matthew'ün gözleri parladı. Sonra göğsünü çıkararak "Çok akıllı bir adamım!" dedi.

4. bölüm

Eşitlik yetmez

Dördüncü seansımızdı.

Kapıyı açarken içerideki kahkahaları duydum. Biraz erken gelen birkaç kadın ayakta durmuş, belli ki komik bir şeyi paylaşıyorlardı. Beni görür görmez el salladılar. Geçen seansımızın sonunda sözünü ettiğimiz, çocuklara eşit davranılmalı mı davranılmamalı mı konusunu tartışıyorlardı ve gerçekten eşit olmaya kararlı olduğunuzda ortaya çıkabilecek komik örnekler veriyorlardı.

Yaşadıkları maskaralıkları anlatmayı bitirmeden sözlerini kestim. "Durun" dedim. "Bu, grubun geri kalanının kaçırmasını istemeyeceğim kadar iyi." Tüm grup toplandığında kadınlardan hikâyelerini anlatmalarını istedim. İşte içlerinden seçtiklerim:

Neden Keçi Roy yok?

İki oğlum, Billy ve Roy'la kanepede kıvrılmış oturuyor ve kütüphaneden yeni aldığımız kitabı okuyorduk. Keçi Billy'nin hikâyesini ilk defa duyuyorlardı. İkisi de masalı çok sevdi ama bittiği zaman Roy gözyaşlarına boğuldu. Neden masal Billy hakkındaydı? Neden Keçi Roy yoktu?

Ona içinde Roy olan bir hikâye bulacağıma söz verdim ama bu onu sakinleştirmedi. İnanabiliyor musunuz bir hikâye okurken bile eşitliği sağlayamıyorsunuz.

Saç kesimi

Küçükken saçlarım kahverengi, kısa ve seyrekti. Kız kardeşimin gür, altın rengi saçları ise beline kadar iniyordu. Babam hep onun saçlarını överdi ve ona "Rapunzelim" derdi.

Bir gece kız kardeşim uyurken annemin dikiş makasını aldım ve sessizce yanına gidip onu uyandırmadan kesebildiğim kadar çok saçını kestim. Ertesi sabah uyanıp aynaya baktığında korkunç bir çığlık attı. Annem koşarak gelip onu gördü ve delirdi. Saklanmaya çalıştım ama annem beni buldu. Bağırıp bana vurdu. Cezamın bütün gün odamda kalıp yaptığım şeyin yanlışlığını düşünmek olduğunu söyledi. Sanırım biraz üzülmüştüm ama o kadar da değil, çünkü artık eşit olduğumuzu düşünüyordum.

Saç kesimi 2

Bizim evde saçı güzel olan bendim ve her şeyin eşit olması konusunda saplantılı olan annemdi. Aramızda kıskançlık olmasın diye kardeşime ve bana mutlak bir eşitlikle davranmaya kararlıydı.

Bir gün kız kardeşimin saçı dalgalı olmadığı için benim de olmaması gerektiğine karar verdi. Beni kuaföre götürdü ve saçımdaki tüm bukleleri kestirdi. Yolunmuş tavuğa dönmüştüm. Bütün gün ağladım. Bugün bile annemi bunun için affetmem çok zor.

Eşit emzirme fırsatı

İlk çocuğum doğduğunda onu emzirmek için sabırsızlanıyordum ama tıbbi nedenlerden dolayı emzirmemem söylendi. Birkaç yıl sonra ikinci kızım doğduğunda onu da emzirmemeye karar verdim. İstemediğim için değil çok istiyordum, ama ilk çocuğumun ikincinin sahip olduğu bir şeye sahip olamadığını öğrenmesini ve üzülmesini istemiyordum. O zaman böylesinin adil olduğunu düşünüyordum, ama dönüp baktığımda çok saçma geliyor.

Ne kadar buz olsa da yetmez

Büyük derin dondurucunun içindeki iki yıllık buzu temizlemek için garajdan çıkardığım o yaz gününü asla unutamam. Çocuklar bahçede mayolarıyla benim buzu çözdürmek için tencerelerle sıcak su taşıyışımı izliyorlardı. Bir ara buz erimeye başlayınca çocukların tarafına kocaman bir kalıp buz attım. "Alın bakalım biraz buz" dedim. Diğer ikisi hemen "Ben de istiyorum" dedi.

İki büyük parça daha çıkarıp onlara attım. Sonra en küçüğü gelip "Onlarda daha çok var!" dedi.

"Daha mı istiyorsun? Al sana buz!" dedim ve ayağının dibine bir tencere dolusu buz boşalttım. Hemen diğerleri "Şimdi onun daha çok var" diye bağırdı. Onların tarafına da iki tencere dolusu buz boşalttım. Bu kez ilki "Şimdi onların daha çok var" dedi.

Bu arada bütün çocuklar bileklerine kadar buzun içindeydi, ben de elimden geldiğince hızlı bir şekilde önlerine buz boşaltıyordum. Soğuktan zıplayıp durdukları halde birininki diğerinden daha çok olacak korkusuyla çılgınca daha çok buz istiyorlardı.

O anda bir şeylerin eşit olması için çalışmanın ne kadar boş olduğunu anladım. Hiçbir şey onlara yetmiyordu ve ben anne olarak asla yeterince veremeyecektim.

* * *

Tüm hikâyeler eğlenceliydi ama sonuncusu gerçekten vurucuydu. Çocukların eşitlik talep ettiği ve anne babanın kendini bunu sağlamak zorunda hissettiği durumlarda işlerin ne kadar rayından çıkabileceğini vurguluyordu. Bir süre düşündükten sonra bir baba düşüncesini açıkladı: "Herkese eşit davranmaya çalışırken tuhaf bir noktaya gelebileceğimizi anlıyorum, ama çocuklar bizi sıkıştırdığında ne olacak?"

"Nasıl yani?"

"Adil olmadığınızı, diğerine daha fazla verdiğinizi ya da diğerini daha fazla sevdiğinizi söylediklerinde?"

"Bu durumda kendi kendinize şöyle deyin: Her şeyi aynı ve eşit istiyormuş gibi görünseler de aslında istemiyorlar."

Bana soran gözlerle baktı.

Açıklaması çok zordu. Onlara genç bir kadının kocasına dönüp "Anneni mi daha çok seviyorsun yoksa beni mi?" diye sorduğunu düşünmelerini söyledim. Adam "İkinizi de eşit seviyorum" dese başı büyük belaya girerdi. Onun yerine "Annem benim annem, sen de hayatımın geri kalanını birlikte geçirmek istediğim harika, seksi bir kadınsın" diyerek kurtulacağını anlattım.

"Eşit sevilmek, bir şekilde daha az sevilmektir. Birinin kendine has bir şekilde özel olduğunun hissettirilmesidir" diye devam ettim.

Hâlâ sorgulayan bakışlar görüyordum.

Belli bir miktarda eşit olarak sevmek ile çocuğun meşru ihtiyaçlarını göz önünde tutarak ona özel olduğunu hissettirmek arasındaki farkın herkes tarafından iyice anlaşılması için aşağıdaki resimleri dağıttım.

EŞİT MİKTARLAR İÇİN
ENDİŞELENMEK YERİNE...

HER ÇOCUĞUN KİŞİSEL
İHTİYAÇLARINA ODAKLANIN

EŞİT OLARAK SEVDİĞİNİZİ İDDİA ETMEK YERİNE...

ONLARIN SİZİN İÇİN NASIL BİRİCİK OLDUĞUNU GÖSTERİN

EŞİT ZAMAN DAHA AZ ZAMAN GİBİ GELEBİLİR

İHTİYACA GÖRE
ZAMAN AYIRIN

Birkaç kişi resimlere bakıp kıkırdadı, bazılarıysa üzgün görünüyordu. Grubun az önce okudukları hakkında duydukları endişelere dair hararetli bir tartışma başladı.

"Bu kreplerle ilgili durum sanki bizim evden çıkmış. Peki ya Johnny daha fazla krep istediğinde hazırlayacak malzemem kalmadıysa?"

İki baba el kaldırdı.

"Bir kâğıda büyük harflerle 'JOHNNY'YE YETECEK KADAR FAZLA KREP MALZEMESİ AL' yazarak buzdolabının üstüne asıp bir dahaki sefere daha çok krep yapsak ne olur?"

"Ya da ona kendi krepimden bir parça versem. Kızlarım benim tabağımdan bir şeyler almaya bayılır. Daha dün kızım erkek kardeşi daha fazla bezelye yemeği aldı diye şikâyet ediyordu. Ben de ona 'Biraz benimkinden al' dedim. Ona verdiğim bezelyeleri saydı. Sonra iki tanesini bana geri verdi ve 'Şimdi de ben sana benimkilerden veriyorum' dedi."

Biraz daha kıkırdama...

Kadınlardan biri rahatsız olmuştu. "Eğer keyfiniz yerindeyse sorun değil" dedi. "Ama ben güzel bir akşam yemeği hazırlamak için uğraşıp yorulmuşsam ve çocuklar yiyeceklerini ölçüp sayıp kim daha fazla aldı diye tartışıyorsa bu kadar nazik olamayabilirim."

"Neden nazik olmak konusunda endişeleniyoruz ki?" dedi başka bir adam. "Samimi olalım. Adaletsiz olmakla suçlanmak hiç hoş bir şey değil. Kızlarıma açıkça söyledim, eğer biri yeterince almadığını hissediyorsa söylemesi gereken şey 'Baba zahmet olmazsa biraz daha hazırlayabilir misin?' olmalı."

"Benim evimdeki sorun" dedi bir kadın, "çocuklar değil, benim. Onlara her şeyi eşit vermediğimde kötü hisseden ben oluyorum. Mesela Gretchen'a yeni pijama aldıysam ve Claudia orada durmuş asık bir suratla bana bakıyorsa kendimi çok kötü hissediyorum. Ona ne diyeceğimi bilemiyorum."

"Genellikle ne diyorsunuz?"

"Ah, bilmiyorum, şöyle bir şey: 'Ama canım senin yeni pijamaya ihtiyacın yok, seninkiler sana hâlâ oluyor.'"

"Buradaki yetişkinler için gayet mantıklı bir açıklama" dedim.

"Ama mesele şu ki çocuklar üzgün ve kızgın olduklarında mantık işe yaramaz. Ne hissettiklerine ilgi göstermeniz gerekir: 'Claudia, senin değil kardeşinin yeni pijama aldığını görmek üzücü olmalı. Onun pijamaya ihtiyacı olduğunu ve senin ihtiyacın olmadığını bilsen de bu seni yine de rahatsız ediyordur."

Grubun geri kalanına döndüm: "Umarım" dedim, "bu söylediklerimden çocuklara hiçbir zaman bir şeyin aynından almamanız gerektiği gibi bir anlam çıkarmadınız. Tek söylemeye çalıştığım, belli bir nedenden ötürü bir şeyi eşit olarak veremiyorsanız bunun sorun olduğunu düşünmeyin. Diğer çocuk bu yüzden yıkılmayacaktır. Sizin anlayışınız ve onun hayal kırıklığını kabul ediyor oluşunuz onların hayattaki eşitsizliklerle başa çıkmasına yardım edecektir."

"Benim büyük oğlumda işe yaramadı" dedi bir kadın üzgün bir sesle. "Biliyorum, denedim. Belki onun durumunda çok aşırı bir eşitsizlik olduğu için. Burada söz konusu eşya değil zaman. Öğrenme geriliği olan oğlumla daha çok vakit geçirmek zorunda olduğum için kızgın. Hatta beni onu daha çok sevmekle suçluyor."

"Bu söz ettiğiniz çok zor bir durum" dedim. "Ve haklısınız. Çocuğun meşru ihtiyaçları söz konusu olduğunda empatinin ancak bir yere kadar yardımı olabilir. Merak ediyorum... Acaba şöyle bir şeyin yardımı olabilir mi? Siz ve büyük oğlunuz her gün birlikte geçireceğiniz özel, kimsenin bölmeyeceği, telefonsuz on beş dakika planlayabilir misiniz? Bunu yazıya geçirecek şekilde günlük planınıza ekleyebilir misiniz? Yoksa bu size ekstra bir yük mü getirir?"

Kadın bir süre düşündü.

"Bilmiyorum" dedi. "Belki de buna değer, çünkü benimle geçireceği zamana güvenirse bu kadar kızgın olmaz. Böylece küçük kardeşini tercih etmediğimi anlar. Çünkü gerçekten etmiyorum!"

"Diyelim ki ediyorsunuz" dedi bir adam. "Ne olur? Tüm çocukları eşit sevdiğimize dair onları ikna etmek zorunda değiliz. Eminim herkesin bir favorisi vardır. İlk ben itiraf edeyim. Oğullarım iyi çocuklar, ama kızım hayatımın ışığı."

Birden tehlike çanlarım çalmaya başladı. Adam tehlikeli bir durum hakkında çok rahat konuşuyordu. Bu davranışının "hayatının ışığı" da dahil olmak üzere tüm çocuklarına nasıl bir acı yaşatacağı hakkında hiçbir fikri var mıydı?

'Sorun, bir çocuğa karşı zaman zaman diğerinden farklı duygular hissetmemiz değil, birinin favorimiz olduğunu gösterecek şekilde davranmamız. Hepimiz Habil'in sunduğu şeye Kabil'inkinden daha fazla saygı gösterdiği için Kabil'in kardeşini nasıl katlettiğini biliyoruz. Ya da babası Yusuf'u daha çok seviyor diye kardeşlerinin onu kuyuya attığını. Bunlar uzun zaman önceydi ama bu vahşi davranışları kışkırtan duygular zamansız ve evrensel."

"Bugün bu odada bile" diye devam ettim saç kesimi hikâyesini anlatan kadına doğru dönerek, "babası kız kardeşinin saçlarına hayran diye onun saçlarını kesen kızın hikâyesini dinledik."

"Rapunzel'in kardeşi" bana dikkatle baktı. "Doğrusu onunla ilgili her şeye hayrandı ve benimle ilgili hiçbir şeye değildi." Gözleri doldu. "Bunun hâlâ canımı yaktığına inanamıyorum" dedi.

Onun adına ve anne babalarının gözlerinin kardeşleri için nasıl ışıl ışıl olduğunu görüp bunun kendileri için olmayacağını bilen tüm çocuklar adına ağlamak istedim.

"Bu zor bir soru olacak" dedim. "Bir çocuğumuza karşı duyduğumuz coşkudan ailemizdeki diğer çocukları nasıl koruruz?"

Derin bir sessizlik oldu. En azından birkaç kişinin itiraz edeceğini düşünmüştüm ama kimseden ses çıkmadı. Uzunca düşündükten sonra birkaç kişi fikirlerini paylaştı:

"Oğlum Paul, kızımızla gurur duyduğumuzu fark ediyor ve bunun acısını hissediyordu. Bir kere bize 'Liz ne zaman bir şey söylese sen ve babam birbirinize bakıyorsunuz' dedi. Önce ne demek istediğini anlamadık sonra gerçekten de karşılıklı o 'inanılmaz değil mi' bakışını attığımızı fark ettik. Paul bizi uyardığından beri bunu yapmamak için büyük bir çaba gösteriyoruz."

"Eşim hep birlikte arabada giderken sürekli Mark'a bir şeyler gösterdiğim konusunda beni uyardı. 'Hey Mark şuna bak... buna bak!' gibi... Şimdi böyle yapacağım zaman kendimi yakalıyorum ve 'Hey millet şuraya bakın' diyorum."

"İtiraf etmeliyim ki birkaç kez kendimi kızlarımdan birine diğerinden daha sert davranırken yakaladım. Aynı şeyi de yapsalar Jessica'ya çok yükleniyorum ama Holly'yi daha nazikçe uyarıyorum. Onda beni eriten bir şey var. Buna dikkat etmem gerektiğini biliyorum."

"Sizden duyduklarımdan anladığım kadarıyla, çocuklardan birine favorimiz gibi davranmayı bırakmak için önce böyle hissettiğimizi fark etmemiz gerekiyor.

Kendimize karşı gerçeği kabul edecek kadar dürüst olmamız gerekiyor. Kendi eğilimimizi bilmek 'daha az kayırdığımız' çocuğumuzu korumak adına bizi daha iyi bir noktaya getirir. Ayrıca kayırdığımız çocuğu da konumunu korumak için üstünde duyduğu baskıdan ve kardeşlerinin göstereceği düşmanlıktan korumuş oluruz."

En son konuşan kadının içi rahat değildi. "Ya duyduğumuz suçluluk duygusu ne olacak? Onların arasında ayrım yaptığımı kabul ediyorum ama bunun için kendimi çok kötü hissediyorum."

"Şunun yardımı olur mu? Kendi kendinize her çocuğa eşit bir tutkuyla bağlı olmanın şart olmadığını, farklı çocuklara karşı farklı duygular hissetmenin gayet normal olduğunu söyleyebilirsiniz. Tek yapmanız gereken, favori olarak görmediğiniz çocuğunuza daha yakından bakıp onu özel kılan şeyleri keşfetmeye çalışmak ve bunun mucizesini ona yansıtmak. Kendimizden sadece bunu isteyebiliriz,
çocuğun da ihtiyacı olan budur zaten. Her çocuğumuzun kendi bireyselliğine değer vererek, her birinin kendini bir numara gibi hissetmesini sağlayabiliriz."

Başka soru yoktu.

Saatime baktım. Kapanışa beş dakikamız vardı. Herkes kendi içine dönmüş, yerinde sessizce oturuyordu. Az önce dinledikleriyle kendi aileleri arasında bağlantı kurduklarını hissediyordum. Ödev vermeye gerek yoktu. Zaten kendi kendilerine ödev vermişlerdi.

ÇOCUKLARA EŞİT DEĞİL EŞSİZ OLDUKLARINI HİSSEDECEKLERİ ŞEKİLDE DAVRANMAK GEREKİR

Eşit miktarda vermek yerine
"Al bakalım, kardeşine kaç üzüm verdiysem sana da o kadar verdim."

İhtiyaçlarına göre verin
"Birkaç üzüm mü istersin yoksa bir salkım mı?"

Eşit sevgi göstermek yerine
"Kardeşini ne kadar seviyorsam seni de o kadar seviyorum."

Ona olan sevginizin eşsiz olduğunu gösterin
"Bu dünyada senden bir tane var. Hiç kimse senin yerini alamaz."

Eşit zaman ayırmak yerine
"Kardeşinle on dakika geçirdikten sonra seninle on dakika geçireceğim."

İhtiyaca göre zaman ayırın
"Kardeşinin kompozisyonu için çok fazla zaman ayırdığımı biliyorum. Ama bu onun için önemli. Bitirir bitirmez bana anlatacağın o önemli şeyi dinlemek istiyorum."

İlk hikâye ciddi bir içe dönüşü açığa çıkardı.

Geçen haftaki seansta bir çocuğu kayırmak hakkında konuştuklarımız beni çok sarstı. Jessica'nın (13) kardeşi Holly'ye (10) daha çok zaman ayırdığım için ne hissediyor olabileceğini düşündüm. Ama benim için Jessica'yla olmak çok zor. Çok dengesiz bir çocuk. Rüzgârın onu nereye götüreceği belli olmuyor. Sohbetlerimiz bir süre sonra kavgaya dönüşüyor. İşin aslı, sanırım bu yüzden ondan kaçıyorum.

Her neyse seansımızdan sonra Jessica'yla huzurlu vakit geçirmenin bir yolunu aradım. Ertesi gün öğleden sonra kanepede oturmuş komedi dizisi izlerken yanına oturup onunla dizi izledim. Hiçbir şey söylemedim. Sadece izledim. Ertesi gün yine izledim. Ve dün "Dizi başlamak üzere" diye beni çağırdı. Hatta sonra diziyle ilgili biraz konuştuk. Kulağa çok büyük bir şey gibi gelmeyebilir ama uzun zamandır bu kadar yakın olmamıştık.

* * *

Sonraki birkaç hikâye anne babaların kendi adalet kavramlarını yeniden tanımladıklarını gösteriyordu. İlk başta adil olmak için eşit miktarda zaman ayırmak ve eşit sevgi vermek fikrinden uzaklaşmaları zor oldu. Yine de çocuklarına eşit olmadığı halde bireysel ihtiyaçlarına uygun davranıp adil olmanın yeni ve özgürleştirici bir yol olduğunu fark ettiler.

Geçen hafta alışveriş yaparken üstünde tek boynuzlu at resmi olan bir tişört gördüm. Bu tam Gretchen'ın seveceği bir şeydi. Çünkü tek boynuzlu atlara bayılıyor. Claudia tepki gösterir diye az kalsın almayacaktım. Sonra geçen haftaki seansı düşünüp almaya karar verdim.

Gretchen paketi açtığında Claudia biraz bozulmuş gibiydi ama bir şey demedi.

Bizi izleyen annem araya girdi ve "Merak etme tatlım, ben sana yarın yeni bir tişört alırım" dedi.

"Kahretsin, annem böyle davranmaya devam ederse önceden bunu kafasına takmayan Claudia bu meseleyi dert edecek" diye düşündüm.

Kolumu Claudia'nın boynuna dolayıp "Sanırım büyükanne biraz endişelendi ama biz endişelenmiyoruz, çünkü bu ailede herkes hakkı olanı alıyor. Bazen Gretchen alıyor, bazen Claudia alıyor ama sonunda herkesin ihtiyaçları karşılanıyor." Ağzımdan çıkanlara inanamıyordum.

Annemin kafası karışmış görünüyordu ama Claudia ve Gretchen ne demek istediğimi anlamıştı.

* * *

Bugüne kadar Gregory'ye bir şey almadan Dara'ya almak aklımın ucundan geçmezdi. İkisi de beni fena korkutmuştu. Ama dün ipleri elime aldım. Dara'ya beslenme saati için yeni bir yemek kabı aldım, çünkü ihtiyacı vardı. Gregory'ye ise hiçbir şey almadan eve döndüm. Dara eve gelir gelmez kardeşini sinirlendirmek için "Annem bana yeni yemek kabı aldı, sana almadı!" demeye başladı.

Onu hemen susturdum. "Bu hiç hoşuma gitmedi, buna hava atmak denir ve böyle davranmak insanların kendilerini kötü hissetmelerine neden olur. Ayrıca sana yeni bir yemek kabı aldığım için de pişman olmama sebep olur" dedim. Gregory de beni duyduğu için memnundum, çünkü onun da aynı şeyi yapacağından kuşkum yoktu. Artık ikisi de annelerinin böyle saçmalıklara izin vermeyeceğini anlayacak.

* * *

Bu hafta "adil" olmayı denemediğim için epey bir zahmetten kurtulduğum iki olay yaşadım.

Birinci olay

Yatma zamanı

STEVIE: (*4 yaşında*) Anne, haksızlık! Maggie'yle daha çok zaman geçirdin, onunla daha çok konuştun.

İçimden açıklama yapmak geldi ("Kız kardeşin bu gece uyumakta epey zorlandı, çünkü öğle uykusunu fazla uyumuştu, yarın gece bunu telafi ederim, sana fazladan bir kitap okurum...")

BEN: Ah, seninle daha fazla vakit geçirmemi mi isterdin?
STEVIE: Evet (*dedi ve hemen uykuya daldı*).

İkinci olay

Stevie kendini pek iyi hissetmiyordu, onu kucağımda sallıyordum ki Maggie (20 aylık) kollarını bana doğru kaldırarak yanıma geldi. Hemen Steve'i bırakıp onu kucağıma almayı düşündüm. Ama bunu yapmadım. Onun yerine "Maggie seni almamı istediğini biliyorum, ama şimdi Stevie'yi bir süre daha kucağımda tutmam gerekiyor, çünkü o hasta" dedim.

Stevie'nin gözlerinde, "İşte, ben önemliyim" bakışını gördüm. Ama beni asıl şaşırtan Maggie'nin bunu kabul etmesi ve onu kucağıma almam için yarım dakika da olsa bekleyebilmesi oldu.

* * *

Anne babaların karşılaşacakları bir sonraki zorluk, çocuklarının "eşit", "aynı", "adil" kavramlarını kafalarına takmaktan vazgeçmelerini sağlamaktı. Bundan sonraki iki örnekte bir anne ve babanın iki oğlunu birbirlerine saplanıp kalmaktan nasıl kurtardığını göreceksiniz.

Oğullarımız arasındaki rekabet uyku vakti geldiğinde zirve yapıyor. Zachary, Alex'ten yarım saat önce yatmak zorunda olduğu için sinirleniyor. Sırf iki yaş küçük olduğu için... Her gece aynı şeyler yaşanıyor: Zachary yerinde yatmayı reddediyor, yatağın içinde parendeler atıyor ve Alex yatağa girdikten sonra bile hâlâ uyumadığını ona göstermeye çalışıyor.

Bu, kendi büyüklüğüne meydan okuduğunu hisseden Alex'i kızdırıyor. Ne zaman eşim ya da ben Zachary'ye kesin bir dille yatmasını söylesek Alex yatmadan kendisinin de yatmayacağını söylüyor.

Geçen hafta yatma vaktiyle ilgili neye ihtiyaç duyduklarını konuşmak için ikisini de yanıma oturttum. Tam bir felaketti. İşin sonunda birbirlerine çığlık çığlığa bağırıyorlardı.

Neredeyse vazgeçiyordum. Ama ertesi gün Zachary'le baş başa konuştum ve bu sefer her şey daha farklı oldu. İlk başta yine Alex diye sızlandı ama bu kez hazırdım. "Alex'ten değil senden bahsediyoruz."

"Ama Alex..." dedi.

Tekrar ettim. "O ayrı bir konu. Şu anda onunla ilgilenmiyorum. Senin yatma vaktinde neye ihtiyaç duyduğun hakkında konuşmak istiyorum."

Bu, konuşmanın tüm gidişatını değiştirdi. Bana uykuya dalmanın onun için ne kadar zor olduğunu anlattı. Ben aklına bunu kolaylaştıracak bir şey gelip gelmediğini sordum. Belki yatmadan önce biraz egzersiz yaparsa enerjisinin tükeneceğini söyledi. Ayrıca ışıklar kapanmadan önce benimle ya da babasıyla sessizlik içinde biraz vakit geçirmek istediğini söyledi. Şimdilik işe yaradı.

* * *

Oğlanlar kavga ediyor.

ALEX: Baba, lütfen ona ben karşıya geçmesini söylediğimde geçebileceğini açıklar mısın? Zachary o araba bir mil ötedeydi!

ZACHARY: Ya tabii, bir mil ötedeydi. Ölebilirdim!

BABA: Alex senin zamanlaman sana uygun geliyor. Zachary senin zamanlaman da sana uygun geliyor. İkiniz de birbirinizle tamamen farklı düşündüğünüz halde kendi yargılarınıza güvendiğinizi duymak beni çok memnun etti.

* * *

Bu son hikâye bize çocukların bizden taraf tutmamızı istediklerinde bile aslında ne beklediklerini gösteriyor.

Bu hafta başıma gelen tam bir sınavdı! Amy (8), ortanca kızım koltukta yanımda otururken birdenbire "Baba hangimizi daha çok seviyorsun? Rachel'i mi, Emily'yi mi, beni mi?" diye sordu.

Geçen hafta seansta konuştuğumuz her şey birden aklımdan uçup gitti ve "Tatlım hepinizi de eşit seviyorum" dedim. Ne kadar zekice, değil mi?

Ama tabii bunu yemedi. "Hepimiz bir teknedeyiz ve tekne devrildi. Hepimiz boğuluyoruz, hangimizi kurtarırsın?"

Ne diyeceğimi şaşırdım. "En yakınımda olanı" dedim.

"Farz et ki hepimiz aynı mesafedeyiz."

Beni gerçekten de fena sıkıştırmıştı.

Sonunda hatırladım. "Bu benim için çok zor bir durum olurdu" dedim. "Her biriniz benim için çok özelsiniz. Amy'me bir şey olsa ben ne yaparım? İnsanın birlikte vakit geçirmekten, sohbet etmekten bu kadar keyif aldığı birini kaybetmesi düşüncesine bile dayanması çok zor. Senin gibi birini asla bulamam. Harika birisin. Bunun düşüncesi bile benim için işkence!"

Bu işe yaradı. Tamamen tatmin olmuş görünüyordu. Kardeşleri hakkında ne düşündüğümü sormadı bile. Sadece ona ne kadar değer verdiğimi bilmek istiyordu.

5. bölüm

Kardeşlerin rolleri

"O buysa ben de şuyum"

Bir sonraki seansımızdan önceki geceydi ve ben gerçekten sabırsızlanıyordum. Sonunda herkesin beklediği konuya hazırdık: kavga. Çocuklar kavgayla tutuştuğunda ne yapacağımızı konuşacaktık. Büyük bir memnuniyetle hazırladığım malzemelere baktım ve kâğıtları çantama yerleştirdim.

Köpek burnunu bacağıma sürttü. Onu görmezden geldim. Havladı ve beni yine dürttü. "Tamam, Pepper, tamam" dedim. Tasmasını boynuna geçirdim. Onunla birlikte bahçeden çıktığımda iki küçük çocuk arkamdan "Köpek, köpek" diye bağırdı.

Onların biraz arkasında yeni komşum vardı. Onu en son gördüğümde ikizleri bebek arabasındaydı. "Barbara!" diye bağırdım. "Oğlanlar ne çabuk büyümüş. Yürüyor ve konuşuyorlar. Ve ikisi de köpekleri çok seviyor, değil mi?"

"Evet, sanırım... Ama baksana küçük olan çok seviyor, büyük olan hep geride duruyor."

Bu yorum karşısında çok şaşırdım ve ne diyeceğimi bilemedim.

"Doğduklarından beri böyleler, küçük olan gerçekten sert. Hiçbir şey onu korkutmuyor. Ama büyük kendi gölgesinden bile korkuyor."

Onaylamayan bir şekilde homurdandım ve izin isteyip köpeği eve doğru çekiştirdim. Bir saniye daha orada dursam pişman olacağım bir şey söyleyeceğimden emindim.

Barbara, çocukların önünde nasıl böyle konuşabilirdi? Onu duymadıklarını mı sanıyordu? Ya da anlamadıklarını? Her çocuğu bir role hapsetmenin verdiği zarar apaçık ortadaydı. Bu şekilde iki çocuğuna zarar vermekle kalmıyor, onların gelecekteki ilişkilerini de zedeliyordu.

Tekrar eve girdiğimde kendimi ertesi sabahki seans için endişelenirken buldum. Belki de kavga konusunu konuşmak için erkendi. Belki de önce çocukları bir role hapsetmenin ileride kavgaya yol açacak kötü duygulara neden olduğunu konuşmalıydık. Yoksa temel nedenlerinden birini anlamadan bir semptomu tedavi etmeye çalışacaktık. Diğer yandan ben dahil herkes yarınki konu için çok heyecanlıydı. Belki de gruptan *Konuş ki Dinlesin Dinle ki Konuşsun* kitabındaki roller bölümünü okumalarını isteyip oradan devam edebilirdik.

Telefon çaldı. Arayan büyük oğlumdu. Sesi yorgun geliyordu.

"Merhaba anne. Bütün hafta dönem sonu ödevlerini yazdım ve bir ara verip evi arayayım dedim. Herkes nasıl?"

"İyi. Hepimiz seni çok özledik. Özellikle de Pepper. Sürekli odana girip çıkıyor."

"Hem Andy'nin hem benim yokluğum onun için zor olmalı."

"Sanırım en çok seni özlüyor."

"Neden beni?"

"Onun sorumluluğunu asıl sen alıyordun da ondan."

"Bu doğru değil anne, Andy de her sabah mamasını veriyordu."

"Sanırım, ama sen onu her gün dışarı çıkarıyordun. Senden başka kimse tırnaklarını kesip kulaklarını temizleyemiyordu. Kardeşinin elinde havluyla onun yanına gittiğini hiç görmedim."

David, "Belki öyle" dedi rahatsız bir sesle. "Bilmiyorum... Çalışmaya devam etsem iyi olacak. Yapmam gereken çok fazla okuma var. Babama selam söyle."

Telefonu kapattık.

Az önce yaptığım şeye inanamıyordum. Bir şey ruhumu ele mi geçirmişti? Neden David'e kendini "sorumlu olan" olarak hissettirmek istemiştim. Yurt odasında tek başına olmasına üzüldüğüm için mi? Bu yüzden kardeşini ezerek ona moral vermeye mi çalışmıştım? Bir de kendi oğullarına yaptığı şeyden ötürü komşuma kızıyordum!

Bu son noktayı koydu. Kavga konulu seansımız bekleyebilirdi. Yarın rollerden bahsedecektik. Ama yeni bir yolla... Çocuklarımızı bir role hapsetmemizin ardındaki dürtülerimize bakacaktık. Her çocuğa biçilen rolün hem o çocuğu hem de diğer kardeşleri ve nihayet ilişkilerini nasıl etkilediğini keşfetmemiz gerekiyordu.

* * *

Ertesi akşam sabırsızlıkla herkesin yerine oturmasını bekliyordum.

"Bu akşam konumuz kavga mı?" diye sordu bir kadın yerine otururken umutlu bir ifadeyle.

"Gelecek hafta" diye cevap verdim. Sonra onlara komşumdan, telefon konuşmamdan ve düşüncelerimden söz ettim.

Beni ciddi bir ifadeyle dinlediler.

"Şimdi sizden öğrenmem gereken şey şu..." diye devam ettim. "Sizce neden bazı anne babalar çocuklarını farklı rollere hapsediyorlar? Olası nedenlerin birinden zaten bahsettim: Diğer çocuğu ezme pahasına onun egosunu kabartma dürtüsü. Başka?"

Cevaplar çabuk geldi:

"Kendi egosunu kabartma dürtüsü. Bence komşunuz çocukluğunda çekingen bir kızdı. O yüzden sert bir çocuğu olmasıyla böbürleniyor."

"Tam tersi de olabilir. Bence kendi zayıflıklarımızı da çocuklarımıza yansıtma eğilimimiz var. Mesela ben oğlumu sürekli ihmalkârlıkla suçlarım, ama işleri erteleme ya da son ana bırakma şampiyonu benim."

"Bir de iki çocuğu da çözmüş olma fikrinin verdiği bir keyif olmalı. Bazen oğluma 'Dakik Paul', kızıma 'Geç Lizzie' diyorum. Bir tür aile şakasına dönüştü."

"Bence çocuklarımızı farklı rollere hapsediyoruz, çünkü her birinin özel olduğunu hissetmesini istiyoruz. Biliyorum iyi bir şey değil, ama üç çocuğuma da bazen 'Sen okumada iyisin, kız kardeşin matematikte iyi, erkek kardeşin de resimde' diyorum. Bu onlara ayrı kimlikler vermek gibi bir şey."

Birden bir el kalktı. "Şu anda bir şey fark ettim. Çocuklar da kendilerini bir role hapsediyor! Bunu yapan sadece anne babalar değil."

Grup hemen vites değiştirip bu düşünceye yöneldi.

"Bu doğru. Bir çocuk bu rol ona sevgi ve kabul edilme duygusu getireceği için 'iyi çocuk' rolünü oynamayı seçebilir."

"Ya da 'kötü çocuk' rolünü, çünkü bu şekilde ilgi çekebilir, olumsuz bir ilgi bile olsa."

"Ayrıca çocuklar akıllı, bu rollerin getireceği sonuçları biliyorlar.

Ailenin 'serseri' çocuğu cinayetten bile yakasını kurtarabilir. Ya da 'çaresizi' oynayan için herkes her şeyi yapar."

Aynı kadın elini kaldırdı. "Çocukların birbirlerini de bazı rollere ittiğinden bahsetmedik."

Ondan bunu açıklamasını istedim.

Bir an düşündü. "Size kendi evimden örnek vereyim. Ufak tefek ve sıska olan büyük oğlum sürekli ne kadar kuvvetli olduğunu söylüyor ve küçük kardeşine 'Güçsüz velet' diye hitap ediyor. İriyarı olan ufaklıksa buna inanıyor. Kendisinin güçsüz olduğunu düşünüyor ve öyle davranıyor. Ondan ne zaman bir şey taşımasını istesem 'çok ağır' olduğunu söylüyor. Kendi gücü hakkında en ufak bir fikri bile yok. Ağabeyi böyle davranmaya devam ederse asla öğrenemeyecek."

Önümüzdeki sorunun büyüklüğü ve karmaşıklığı karşısında kalakaldık. Çocukları bir role hapsediyoruz, çocuklar kendilerini bir role hapsediyor ve çocuklar birbirlerini bir role hapsediyor.

Bir adam elini kaldırdı. "Bir saniyeliğine şeytanın avukatlığını yapabilir miyim?"

"Eğer bu çocuklar için aile içinde belli rollerinin olması bu kadar doğal bir şeyse belki de bunun kimsenin söz etmediği iyi bir yanı vardır."

"Ne gibi?" diye sordum.

"Diyelim ki ailenin beyni diye övdüğünüz bir çocuğunuz var. Bu çocuk derslerine daha iyi çalışıp sonunda daha iyi bir hayata sahip olmaz mı? Demek istediğim birini bir role hapsetmenin avantajları da olabilir."

Bundan rahatsız üç kişi hemen el kaldırdı. Suratı pancar rengine dönen kadına "Önce siz buyurun" diyerek söz verdim.

"Tabii ki ayrıcalıklı çocuk için hava hoş" dedi alaycı bir sesle. "Onun için iyi de ya diğerleri? Onlar otomatik olarak ikinci sıraya düşüyor."

Diğer kadın atladı. "Bir çocuk diğerinden üst bir noktaya konulduğunda ortaya çıkan düşmanlık var bir de. Ağabeyim ailenin en güzel çocuğuydu. İnsanlar anneme gelip 'Oğlunuz ne kadar da yakışıklı. Robert Redford'a benziyor!' derdi. Ardından 'Ah bu da kızınız mı ne kadar tatlı.' O zaman bunun beni rahatsız ettiğini bilmiyordum ama senelerce rüyamda ağabeyimle sokakta yürürken birden suratının dev bir kancaya takıldığını gördüm."

Gülüşmeler...

Herkes sustuktan sonra üçüncü kadın söz aldı.

"Ayrıcalıklı rolün verildiği çocuk için de her şeyin tozpembe olduğunu düşünmeyin. Çok büyük bir baskı. Anne babam beni daima 'sorumluluk sahibi' olmakla övdü. Ben de onların beklentilerine göre yaşadım. Ama bunun bir bedeli vardı. Bugün bile kız kardeşim de erkek kardeşim de çaresizi oynuyor, aile sorunlarıyla sadece ben ilgilenmek zorunda kalıyorum."

Şimdi neredeyse tüm eller kalkmıştı. Herkes büyürken kendilerine nasıl bir rol verildiğini ve bunun onları nasıl etkilediğini anlatmak istiyordu. Her hikâye tümüyle birbirinden farklı olsa da mesele aynıydı. Bir rol diğerini belirliyordu. "Ben hep pasaklıydım, erkek kardeşim ise 'Bay Temiz'di", "Ben cadalozdum, kız kardeşim ağırbaşlıydı."

Roller bir kez belirlendikten sonra herkes sanki mecburmuş gibi o rolü oynuyor: "Yaramaz olmakla suçlandığıma göre yaramaz olabileceğime karar verdim", "İnsanlar benim özensiz olduğumu düşündüklerine göre onları hayal kırıklığına uğratamazdım."

Ve tabii bu durum kardeşler arasında husumete de neden oluyor. "Kardeşim 'becerikli' olduğu için ona kızgındım, onun yanında kendimi yetersiz hissediyordum", "Kardeşimin 'öfkeli' olmasından nefret ediyordum. O yüzden kendimi 'sakin' olmaya zorluyordum."

Ve roller tam olarak birbirinin karşıtı olmasa da çocuklar diğerine göre tanımlanıyor ya da kendilerini diğerine göre tanımlıyordu. "Kız kardeşim kadar popüler değildim", "Erkek kardeşim gibi lider değildim."

Ve cümleler hep "o günden beri" ifadesiyle bitiyor. "O günden beri aramızda bir gerginlik var", "O günden beri anlaşamıyoruz", "O günden beri, eğlenceli olan... temiz olan... sorumlu olan olmadığım için kendimi suçlu hissediyorum."

Son hikâyeyi de dinledikten sonra hepimiz bir süre sessiz kalıp konuştuklarımız üzerinde düşündük. Birisi "Herkesin rolü akışkan bir şekilde iç içe geçse tüm aile uyumlu olmaz mı?" diye sordu.

"Sanırım" dedim. "Ama çocuklarımızı aile dışındaki hayata da hazırlamamız gerek ve hayat tek bir rolden ibaret değil. İlgi görmeyi de bilmeliyiz, ilgi göstermeyi de, yeri geldiğinde lider de olmalıyız, takip eden de, düzensizliğin içinde yaşamayı da bilmeliyiz, düzen kurmayı da. Neden çocuklarımızı sınırlayalım ki? Onları tüm şanslarını değerlendirmeleri, tüm potansiyellerini keşfetmeleri, sahip olduklarını bilmedikleri güçlü yanlarını keşfetmeleri için cesaretlendirmeliyiz."

Şeytanın avukatı söylediklerimden etkilenmemişti. "Siz bir tür idealden söz ediyorsunuz" dedi. "Haydi şunu kabul edelim: İnsanların doğal yetenekleri ve doğal sınırları vardır. Benim büyük kızım yetenekli bir müzisyen. Daha 10 yaşında, ama Haydn'ın bir konçertosunu baştan sona çalıyor. Küçük olanın ise müzik kulağı yok, o yüzden onu jimnastiğe yönlendirdik."

Bana verecek daha kötü bir örnek bulamazdı. Sözleri çocukluğumun belki de senelerdir aklıma gelmeyen anılarını tetikledi. Yaşadıklarım bütün tazeliğiyle aklımdaydı ve ona tüm hikâyeyi anlattım. Anne babamın çocuklar için gururla aldıkları maun piyanoyu, ablamın çalışını izleyişimi ve ders alacak kadar büyüyeceğim günü sabırsızlıkla beklediğimi, derslerin ilk yılında müzik öğretmeninin bana sürekli "En kötü öğrencimsin" deyişini, sürekli eleştirilmeme rağmen öğrendiğim birkaç parçayı saatlerce mutlulukla çalışımı ve sonunda annemle babamın benim derslerime para vermenin değip değmediğine dair yaptıkları konuşmayı...

Verilecek hükmü tahmin ediyordum. "Müzisyen" olan ablamdı. Belki benim için de başka bir şey bulabilirlerdi. İtiraz etmeden bu kararı kabul ettim. Haklılardı. Ne kadar uğraşırsam uğraşayım daha zor ve daha yavaş öğreniyordum.

Ama müziği bırakmak benim için korkunç bir kayıptı. Aylar geçtikçe ne kadar özlediğimi fark ettim. Ablamı çalarken dinlemeye dayanamıyordum. Her notası acı veriyordu.

Kimse yokken eski defterlerimi çıkarıp kendi kendime gizlice çalışmaya başladım. Hatta biraz ilerleme bile kaydettim. Ama sonunda bu bana çok zor geldi ve pes ettim. Müzik bana göre değildi.

Adam bana baktı. Tam bir şey söyleyecekti ki bir kadın konuşmaya başladı: "8 yaşında piyano dersi almaya başladım. Küçük kardeşim ben çalışırken beni izler, benim çalışmam bitince piyanonun başına oturur ve beni taklit etmeye çalışırdı. Sonra bir gün, tek bir ders bile almadan piyanonun başına oturdu ve benim bir aydır öğrenmek için çalıştığım parçayı çaldı. Ondan sonra çalışmayı bıraktım. Anneme artık ders almak istemediğimi söyledim."

"Annen bırakmana izin mi verdi?"

Başını salladı.

"Merak ediyorum, kararını kabul etmek yerine 'Bırakman için hiçbir sebep göremiyorum, piyano çalmaktan zevk alıyorsun ve ilerleme kaydediyorsun' deseydi ne yapardın?"

"Muhtemelen 'Ama paranı boşa harcıyorsun. Ruth benden daha iyi çalıyor, benim parçamı şimdiden biliyor' derdim."

Annesi gibi konuşmaya devam ettim: "Tatlım bunun senin için ne kadar cesaret kırıcı olduğunu görebiliyorum, ama Ruth'un nasıl çaldığının seninle hiçbir ilgisi yok. Birinin bir parçayı yavaş mı hızlı mı öğrendiği hiç fark etmez. Önemli olan senin müziğe kattığın anlamdır, müzikten aldığın zevktir. Böyle bir şey için kendini üzmeni hiç istemem."

Kadın gözyaşlarını güçlükle tuttu. "Bu benim için çok anlamlı olurdu" dedi.

"Biliyorum" dedim. (Hem de nasıl biliyordum.) Kardeşlerinin yetenekleri yüzünden ellerindeki fırsatları kaybeden ne kadar çok çocuk vardı.

Tüm gruba hitap ederek "Evet, doğal yetenekleri olan çocuklar vardır ve onların bu yetenekleri kesinlikle görülmeli ve cesaretlendirilmelidir. Ama kardeşlerini harcamak pahasına değil. Çocuklardan biri bir alanda başarı gösterdiğinde diğer çocukları o alandan çekmemeye dikkat etmeliyiz. Onların kendilerini çekmelerine de izin vermemeliyiz. Ailenin müzisyeni, ailenin bilgini, ailenin sporcusu ya da sanatçısı gibi ifadeler kullanmaktan kaçınalım. Bilimin, dansın, tiyatronun, şiirin, sporun herkese açık olduğunu, sadece buna özel yeteneği olanlara ayrılmadığını açıkça ifade edelim."

Söylediklerime karşı çıkan kimse olmadı.

"Gelecek hafta bu bilgilerden yola çıkarak çocuğumuz herhangi bir sebepten ötürü bir rolün içinde mi ve tam bir benliğe kavuşması için onu bundan kurtarabilir miyiz?" diye düşünelim dedim.

Sonra birden hatırladım. "Ah hayır" dedim. "Size gelecek hafta kavga konusunu yapacağımıza dair söz vermiştim!"

Şeytanın avukatı beni rahatlatmak isteyen bir ifadeyle baktı, "Sorun değil" dedi. "Bir hafta daha kavga etsinler, bu konu da önemli."

Çocuğa değişim yolunu açmak

Anne babalarla olan seanslar genellikle yavaş başlar. Herkes aradan geçen bir haftadan sonra sorunlara odaklanmakta zorlanır. Bu gruptakilerde durum farklı; sanki kahve molasından dönmüş gibi geçen hafta kaldıkları yerden devam ettiler.

"Geçen hafta verdiğiniz ödev üzerinde düşündüm ve ailemde kimseye belli bir rol biçmediğime karar verdim. Sonra pazar günü çocuklarımı yeni papazla tanıştırırken şöyle söylediğimi duydum: 'Bu büyük oğlum, bu ortanca, bu da en küçüğüm.' İsimlerini söylemedim bile. Ve kabul etmeliyim ki onlara da aynen öyle davranıyorum. En küçük olduğu için 5 yaşındaki oğlumu şımartıyorum, ortanca zaten öylece orada sandviçin arasında gibi duruyor, 10 yaşındaki oğlumdansa 'büyük gibi' davranmasını bekliyorum."

"Ne demek istediğinizi anlıyorum" dedi bir baba. "Kay doğum yaptığından beri Michael'ı büyük gibi davranması için zorluyorum. Dün akşam ona büyük bir çocuk olduğunu ve pijamalarını kendisinin giymesi gerektiğini söyledim. Mutsuz görünüyordu. 'Baba hâlâ küçük olduğumu görmüyor musun?' dedi."

"Bu geçen hafta söz etmediğimiz bir şey" dedi birisi, "ve çok önemli, çocuklara yaş sıralamasına göre davranıyoruz."

"Ve bazen" diye ekledi bir kadın, "kendi yaş sıramıza göre..."

Söylemek istediği şeyi anlamadığımızı gösteren bir ifadeyle ona baktık.

"Kısaca anlatmaya çalışayım. Ben ablaydım ve küçük kardeşimi hep baş belası gibi görürdüm. O yüzden küçük oğlumun ne zaman ablasını rahatsız ettiğini fark etsem kendimi kızımla özdeşleştirip küçük oğluma baş belası gözüyle bakıyorum. Kendisi küçük kardeş olan eşimse kendini oğlumuzla özdeşleştiriyor. Onu kurban olarak görüyor ve ablasını ona kötü davranmakla suçluyor. Yani eşime göreyse baskı yapan kızım, baskı gören oğlum."

Bu sorun hepimizin ilgisini çekti. Birkaç kişi daha aynı şekilde kendilerini bir çocukla özdeşleştirdiklerini kabul ettiler. Ama diğerleri bir çocuğu baskıcı diğerini baskı gören olarak konumlandırmak için kendi geçmişlerine ihtiyaçları olmadığını söyledi. Onlara göre bazı çocuklar daha pasif ve nazik, diğerleri kötü ve zorbaydı.

"Biri bana örnek verebilir mi?" dedim.

"İki kızım var" dedi bir kadın. "Biliyorum inanması zor ama zorba olan 3 yaşındaki. Ablasının elinden bir şeyleri zorla alıyor, tırmalıyor, ısırıyor. Ablası ise öylece oturup bu duruma katlanıyor. Kendini savunmaya bile çalışmıyor. Bunu görmek sinirimi çok bozuyor, ama ne yapacağımı bilemiyorum."

"Ne yapıyorsunuz?" diye sordum.

Utanarak güldü. "Muhtemelen tüm yanlış şeyleri" dedi. "Küçüğe kötü olduğunu söyleyerek onu odadan çıkarıyorum."

"Ve en sinir bozucu kısmı, bir saat sonra gelip yine aynısını yapıyor, değil mi?" dedim.

"Aynen!" diye onayladı kadın. "Bazen bir dakika sonra gelip aynı şeyi yapıyor."

"Kesinlikle. Ama mesele her iki kızı da belli bir role hapsetmeden onu durdurmak."

Durumun herkesin gözünde daha canlı olması için kadından 3 yaşındaki kızı olmasını istedim. Bense anne olacaktım. Birisi de abla olmaya gönüllü oldu. Sahneyi iki kez oynadık. İlkinde bütün dikkatimi 3 yaşındaki "saldırgana" verdim. İkincisinde ise ablaya. Şu şekilde oynadık:

DİKKATİNİZİ SALDIRGAN ÇOCUĞUNUZA VERMEYİN

ONUN YERİNE ZARAR
GÖRENLE İLGİLENİN

3 yaşındaki kızı oynayan kadın inanamadı. "Nasıl bir çelişki!" dedi. "İlk seferinde bana bağırdığınızda ve beni sarstığınızda 'Bu harika, annemin ilgisini çektim!' diye düşündüm. Ama ikinci seferde bütün dikkatinizi ablama verdiğinizde 'Buna değmedi. Bir daha yapmayacağım!' diye düşündüm."

"Ama diyelim ki çocukları yanlış anladınız?" dedi bir kadın. "Benim kız kardeşim bana sürekli vururdu ve annem de onun zorba olduğunu düşünürdü. Ama annem sırf kız kardeşim bana vursun ve başı belaya girsin diye onunla dalga geçtiğimi bilmiyordu. Annem bunu hiç fark etmedi."

Birkaç kişinin yüzünde pis bir sırıtış belirdi. Belli ki bu kadının anlattığı senaryo hiç de yabancı değildi.

"İşte çocuklarımızı belli rollere hapsetmememiz için bir sebep daha!" dedim. "Birinci elden gözlem yapan kişi bile yanlış sonuçlara varabiliyor."

İki kızı olan kadın başını salladı. "Belki bazen" dedi. "Ama bence her çocuk belli bir mizaçla doğuyor ve anne babanın yapacağı hiçbir şey bunu değiştiremez. İki kızım da doğdukları günden beri birbirinin tam tersi. Gece ve gündüz gibiler. Küçük olan hep biraz gıcık, büyükse..."

Dinlemeyi bıraktım. Ne söyleyeceğini tam olarak biliyordum. Dahası bir zamanlar ben de böyle düşünüyordum. Sessizce içimi çektim. Bunu ona nasıl anlatabilirdim. Bir an kendi oğullarımdan söz etmeyi düşündüm ama bu anıyı hatırlamak istemiyordum.

Oda birden havasız geldi. Kadın, insanların huylarının değişmezliğinden dem vurmaya devam ediyordu. Sonunda bir sonuca vardı: "İnsanın mizacını değiştirmeye çalışmak başını duvara vurmak gibi bir şey."

Başka bir bakış açısı sunabilecek bir şampiyon çıkacak mı diye salona baktım ama yoktu. Sadece yerlerinde vazgeçmiş bir ifadeyle oturan bir avuç insan vardı. "Haydi bakalım" diye düşündüm.

"Ben de eskiden sizin gibi hissederdim" dedim yavaşça. "Özellikle çocuklarım küçükken. Büyük oğlumun biraz zorba, küçüğünse daha tatlı ve nazik olduğunu sanırdım. Ve her gün bu düşüncemi kanıtlayacak bir şey yaşanırdı, çünkü her geçen gün David daha kötü Andy ise daha savunmasız ve korunmaya muhtaç görünüyordu.

Oğullarımın biri 10 diğeri 7 yaşındayken Dr. Ginott'nun seansına katılmam benim için dönüm noktası oldu. Bize, çocuklarımıza oldukları gibi değil olmalarını umduğumuz gibi davranmamızı söylemişti. Bu benim için bir devrim oldu. Oğullarıma farklı bir gözle bakmamı sağladı. Onların nasıl olmasını umuyordum?

Tabii ki cevabı bulmam kolay olmadı. Bunun üzerine epey düşünmem gerekti: David saldırgandı ama aynı zamanda nazikti de. Kendini kontrol ederek istediğini barışçıl bir şekilde de elde edebilirdi. Onun bu özelliklerinin desteklenmesi gerekiyordu.

Aynı zamanda Andy'yi kurban olarak görmekten kurtulmak zorundaydım. 'Bu evde artık bir kurban yok' dedim kendi kendime, 'sadece kendini korumayı ve saygı görmeyi talep etmeyi öğrenmesi gereken bir çocuk var.'

Benim düşüncemi değiştirmem bile mucizeler yarattı. Oğullarımın benim yeni beklentilerime göre hareket ettiklerini görmek gerçek bir mucize gibiydi. Bu hikâyenin bir kısmını *Özgürleştirilmiş Anne Babalar / Özgürleştirilmiş Çocuklar* kitabında anlatmıştım. Ama şimdi size anlatacağım hikâyeden söz etmemiştim." Derin bir nefes aldım. Bu hatırayı deşmek hiç hoşuma gitmiyordu.

"Bir cumartesi sabahıydı. Oğlanlar mutfakta dolanıyordu. Ben kahvaltı hazırlıyordum. Kendimi çok iyi hissediyor ve ne kadar iyi geçindiklerini görüp kendi kendimi tebrik ediyordum. Birden gözümün ucuyla David'in üstünden az önce kaynayan bir tencereyi aldığım ocağa bir çorba kaşığını tuttuğunu gördüm. Birden Andy'ye 'Ne kadar sıcak olduğunu görmek ister misin? Gel' dedi ve Andy yaklaştığı anda onu tutup sıcak kaşığı ensesine yapıştırdı.

Andy acıyla bağırdı. Ben bağırdım. David kaçtı. Ben elimden geldiğince yanığıyla ilgilenmeye ve Andy'yi rahatlatmaya çalıştım. Sonra yatak odasına gittim ve oturdum.

Hayatımda kendimi hiç bu kadar derin bir bunalımda hissettiğimi hatırlamıyorum. David'in yaptığı soğuk, zalim ve hesaplıydı. Ona güvenmekle aptallık etmiştim. Ben onu nasıl görürsem göreyim asla değişmeyecekti. Onda şeytani bir damar vardı. Kötü tohumdu. Benim parçam değildi.

Sonra kapının çaldığını duydum. Gelen David'di. Sakin davranmaya çalışarak 'Ne istiyorsun?' diye sordum.

Cevap vermedi. Orada öylece durmuş, korkmuş görünüyordu. İçimde birden bir şey değişti. Nereden aklıma geldi bilmiyorum 'Tanrım bu yaptığın şey çok saçmaydı. Çok çok çok saçmaydı! Bana Stu Dayını hatırlatıyorsun' dedim.

'Stu Dayı mı?' diye sordu.

'Evet sevgili Stu Dayın' dedim. Seni her zaman balık tutmaya götüren ve harika bir insan olan Stu Dayın. Ama çocukken onun küçük kız kardeşi olmak o kadar harika bir şey değildi. Bir keresinde ayak başparmağımın tırnağımı kopardı. Tırnağım kanadı ve çok acıdı, ama o anneme söylemememem için beni tehdet etti' dedim.

David donakalmıştı. 'Bunu neden yaptı?'

'Çünkü çocuklar büyürken birbirlerinin üzerinde çılgınca, aptalca, zalimce ve saçma şeyler denerler. Ama bu onların deli ya da zalim oldukları anlamına gelmez.'

David'in tüm varlığı benim için birden değişti. Gerçekten canavarca bir şey yapmıştı ve adamakıllı kızılmayı hak ediyordu, ama annesi onu canavar olarak görmezse ve yine böyle bir canavarlık yapmış olan dayısı sonunda iyi bir adam olduysa belki onun için de bir umut vardı.

David gittikten sonra yatakta oturup tüm sahneyi zihnimde evirip çevirdim. O zaman David'i farklı bir gözle görmenin sadece çözümün bir parçası olduğunu fark ettim. Diğer parçası ondan daha farklı davranmasını talep etmek ve ona bu sorumluluğu vermekti. Hayatındaki yetişkinlerin böyle davranmasına ihtiyacı vardı.

Bir hafta sonra beni yeniden test etti. Kardeşini oturma odasında kovalıyor ve sürekli dalga geçerek onu ağlatıyordu. Ama bu kez umutsuzluğa kapılmadım. Onu omuzlarından tuttum ve gözlerinin içine baktım. 'David' dedim kararlı bir sesle. 'Sende daha üstün bir beceri olan nazik olma kapasitesi var. Onu kullan!'

Utangaç bir ifadeyle gülümsedi ama dalga geçmeyi kesti."

Gruptaki herkes hikâyeme hayran kalmıştı. "Çok etkilendim" dedi insan mizacının değişmeyeceğini savunan kadın.

Doğrudan ona hitap ederek devam ettim: "Haklı olduğunuz bir nokta vardı. Çocuklar belli kişilik özellikleriyle doğuyor. Ama anne baba olarak bu özellikler üzerinde etkimiz var. Bu gücümüzü akıllıca kullanmalı ve çocuklarımızı onları mahvedecek rollere hapsetmemeliyiz.

Kadın sıkıntılı görünüyordu. "Ama nereden başlayacağımı bilemiyorum. Benimkilerde de sizin oğullarınızdaki gibi bir değişikliğin olmasını sağlamak için daha fazla şeye ihtiyacım var."

Bir baba "Gördüğüm kadarıyla bu karmaşık bir durum, bir çocuğun değişmesine yardım ederken aynı anda diğerleri için de hazırlıklı olmalısınız."

Bir fikrim vardı: "Aynı aynı ailede karşıt rolleri benimsemiş iki çocuk örneği alıp onları bu rollerden nasıl kurtaracağımıza bakmıyoruz?"

"Tamam" dedi.

"Nasıl bir örnek kullanalım?" diye sordum.

Hiç tereddüt etmedi. "Az önceki örneğinize ne dersiniz?" dedi. "Bir çocuğun zorba, diğerinin kurban olduğu... Çünkü benim oğlumla kızımın sorunu bu... Eğer herkes için uygunsa."

Herkes için fazlasıyla uygundu. Zorba/kurban birleşimi çok yaygındı.

Alıştırmamızı nasıl yapılandıracağımı düşündüm ve önceki hafta bir çocuğun rolünün üç temel kaynak –anne baba, kardeşler ve çocuğun kendisi– tarafından verildiğini hatırladım. Bir an için kendimizi bu kaynaklardan soyutlayıp ne yapabileceğimize bakmalıyız diye düşündüm. Görevimiz iki aşamalı olacaktı: Zorba rolündekini şefkate yönlendirmek, kurban rolündekini ise güçlendirmek.

Yaptıklarımızın çizimi şöyle oldu:

Çocuğa zorba olduğunu söylemek yerine...

Ona medeni olabileceğini gösterin

Diğer kardeşleri ona zorba olduğunu söylüyorsa...

Çocuklara yeni bir bakış açısı sunun

Çocuk kendini zorba olarak görüyorsa...

Onun kendisindeki iyilik potansiyelini görmesini sağlayın

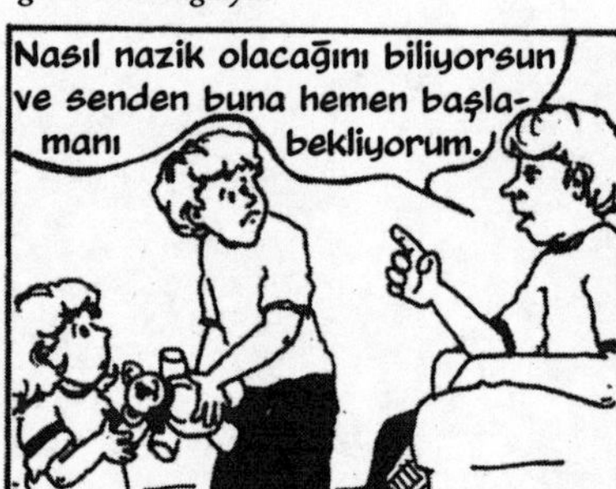

ARTIK KURBAN YOK

Çocuğa kurban gibi davranmak yerine...

Kendini nasıl savunacağını gösterin

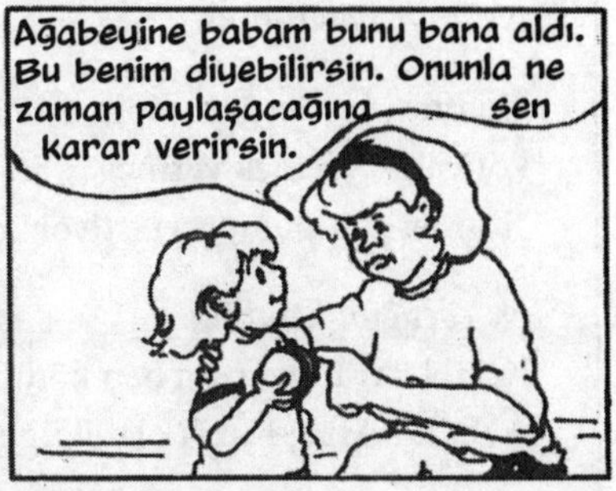

Diğer kardeşler ona kurban gibi davranıyorsa...

Diğer çocuklara yeni bir bakış açısı sunun

Çocuk kendisini kurban gibi görüyorsa...

Çocuğun kendi potansiyel gücünü görmesini sağlayın

Ufak bir hatırlatma notu...

ÇOCUĞU KİMSENİN BİR ROLE HAPSETMESİNE İZİN VERMEYİN

Ne anne babasının

"Johnny, kardeşinin topunu mu sakladın? Neden hep bu kadar kötüsün?" demek yerine
"Kardeşin topunu geri istiyor" deyin.

Ne çocuğun kendisinin

JOHNNY: Biliyorum ben kötüyüm.
ANNE BABA: Nazik olabildiğini de biliyorsun

Ne de kardeşlerinin

KIZ KARDEŞ: Johnny, çok kötüsün! Baba bana bantı vermiyor.
ANNE BABA: Farklı bir şekilde istemeyi dene. Ne kadar cömert olduğunu görüp şaşırabilirsin.

Eğer Johnny kardeşine saldırırsa, Johnny'ye saldırmayın ve kardeşinin nesi olduğuna bakın.

ANNE BABA: Canın yanmış olmalı. Gel ovayım. Johnny'nin istediklerini yumruklarla değil sözcüklerle ifade etmeyi öğrenmesi gerek.

Yaptığımız alıştırmalardan memnun kaldık ama ne kadar vaktimizi aldığına da şaşırdık. İki çocuğa da yardımcı olacak ifadeler bulmak biraz düşünmeyi gerektiriyordu.

Saatime baktım. Yarım saatimiz kalmıştı. Konuyu iyice çözmüşüz gibime geliyordu, şimdi yapılması gereken bu düşünceleri zihnimizde sağlamlaştırmaktı. Evde hazırladığım kısa hatırlatma kâğıtlarını dağıttım ve beş dakika ara verdim.

Artık problem çocuk yok

Salon tamamen boşaldı. Bazısı su almaya gitti, bazısı koridorda sohbet etmeye başladı. Ben masamda oturup notlarıma bakarak bundan sonra ne yapacağımızı düşündüm. Aslında bütün temel noktaların üstünde durmuş, fazlasını bile yapmıştık. Grubu erken bırakabilirim diye düşündüm.

Birden yalnız olmadığımı fark ettim. Masanın önünde duran bir kadın başımı kaldırmamı bekliyordu. Huzursuz görünüyordu. "Özel olarak konuşabilir miyiz?" diye fısıldadı.

Oturmasını işaret ettim.

Hızlı hızlı konuşarak "Bütün bu tartışma beni çok üzüyor" dedi. "Yani her çocuğu ona hapsedilen rolden kurtarabileceğimizi ima etmeniz. Ama aslında öyle değil. Ya çocuğun ciddi bir sorunu varsa ya da engelliyse? Bu engelin kendisi bir role dönüşüyor ve kimse çocuğu bundan kurtaramıyorsa..."

Tam olarak ne demek istediğini anlamaya çalışıyordum.

"Ve bu hiç kimsenin suçu değilse" dedi sesi titreyerek. "Anne babanın suçu değilse. Çocuğuma öğrenme güçlüğünü ben vermedim. Kardeşlerinin yaptığı bir şey de değil. Tabii ki bunu kendi kendine de yapmadı. Yine de bu role sıkıştı ve kimse bu durumu değiştiremez."

Bu büyük bir şeydi. Seans erken bitmeyecekti.

"Lütfen" dedim. "Üstünde durduğunuz nokta hepimizin için çok önemli. Bu söylediklerinizi grupla da paylaşır mısınız?"

"Onların anlayacaklarını... Yani bilemiyorum... Muhtemelen bütün grupta bir tek ben... Pekâlâ, madem öyle diyorsunuz."

Herkes toplandığında kadın bana söylediklerini tüm gruba aktardı.

Gruptakiler onu dikkatle dinlediler ve biraz daha ayrıntı vermesi için nazikçe ısrar ettiler.

"İşte" dedi isteksizce, "Neil ne zaman bir şeyi anlamasa kendini sağa sola atıyor, tekmeliyor, küfrediyor, tuhaf sesler çıkarıyor ve sonra ne kadar aptal olduğunu söyleyip duruyor. Kendini öğrenme engelli olarak görüyor. Bu onun rolü. Bütün gün de bu role uygun davranıyor."

İnsanlar huzursuzca sandalyelerinde kıpırdandı. Ben de huzursuz olmuştum. Bu kadının gruptakilerin onu anlamayacağına dair içgüdülerine güvenmeliydim. Herkesin normal sorunları olan normal çocukları vardı. Başka bir kadın el kaldırdı ve yavaş yavaş konuşmaya başladı. "Anlattıklarınız bana çok tanıdık geldi. Oğlum Jonathan beyin felci geçirdi. Ne kadar yardımcı olmaya çalışsak da yapamadığı şeyler onu hep hayal kırıklığına uğratıyor. Bana, babasına, kız kardeşine ve özellikle de kendine karşı hep öfkeli. Kimliğinin beyin felciyle doğrudan bağlantılı olduğunu söyleyebilirim."

Grup sessizleşmişti. Herkes şaşkındı. Annelerin söz ettiği bu sorunlar burada konuştuğumuz becerilerle üstesinden gelinemeyecek kadar güçtü. Birisi nazikçe Jonathan'ın annesine "Kızınız bu duruma nasıl tepki veriyor?" diye sordu.

"Ah Jennifer muhteşem. Tek kelimeyle muhteşem. Benden neredeyse hiçbir şey istemiyor."

Hemen hemen herkes rahatlamıştı. Bir adam hariç. Adam yüzünü buruşturdu.

"Muhteşem olduğuna eminim" dedi. "Ama muhteşem olmayı dert etmemeli. Bu ona haksızlık. O bir çocuk. Sizden rahatça bir şeyler isteyebilmeli. Erkek kardeşinin sorunlarını telafi etmek için bütün çocukluğunu parmak ucunda yürüyerek geçirmemeli."

Birçok kişi sözlerinin sertliği yüzünden ona onaylamayan bir ifadeyle baktı. Adam onları umursamadan Jonathan'ın annesine bakarak konuşmaya devam etti: "Tecrübelerimden yola çıkarak konuşuyorum" dedi. "Benim küçük kardeşim hasta bir çocuktu. 7 yaşında astım hastası oldu, 13 yaşında da ülser... Annem ve babam Donald'ın hastalıklarından başka bir şey ne düşündü ne konuştu. 'Donald'ın astımı bugün iyi... Donald'ın ülseri bugün kötü...' Bizim neye ihtiyacımız olduğu umurlarında değildi. Hiç unutmuyorum 14 yaşında bir gün babamdan sinemaya gitmek için para istemiştim. 'Kardeşin bu kadar hastayken sen sinema mı düşünüyorsun!' diye beni azarlamıştı."

Jonathan'ın annesinin gerginliği belli oluyordu.

"Bakın" diye devam etti adam, "sizin yaşadıklarınızı küçümsemiyorum. Sadece bir zamanlar o 'muhteşem' çocuklardan biri olarak konuşuyorum. Berbat bir roldü. Her an muhteşem olmaya çalışmak çok büyük bir baskıydı. Çocukların normal olmaya ve en az problemli olan çocuk kadar önemli sayılmaya hakkı var."

"Engelli bir kız kardeşle birlikte büyüdüm" dedi başka bir kadın yüzünde acı bir ifadeyle. "Neden söz ettiğinizi çok iyi biliyorum."

Onun yorumu beni şaşırttı. Belli ki birden fazla kişi ciddi sorunları olan kardeşlerle büyümüştü.

"Benim annem babam" diye devam etti kadın, "bana 'normal' olduğum için ilgiye ihtiyacım yokmuş gibi davrandılar. Ama kız kardeşim onlara muhtaçtı, çünkü tekerlekli sandalyedeydi. Her zaman olduğundan daha muhtaç gibi davrandığını ve bunu suiistimal ettiğini hissettim. Ne zaman bir şey istesem annem ya da büyükannem 'Kendinden utanmalısın, kız kardeşinin çok daha fazla ihtiyacı var' dediler. Bir de ona karşı neden iyi olmadığımı merak ediyorlardı!"

"Pekâlâ" dedim yavaşça duyduklarımı özümsemeye çalışarak. Bir çocuk problem çocuk olarak görülmeye başlandığında bazı dinamikler devreye giriyordu:

✓ "Problem" çocuk daha çok problem oluyordu.
✓ Ağır bir yük taşıyan anne babanın bunu telafi etmek için "normal" çocuklarından talepleri oluyordu.
✓ "Normal" kardeşlerin ihtiyaçları bir kenara itiliyordu.
✓ "Normal" kardeşler "problem" çocuğa öfke duyuyordu.

"Nasıl olur da öfke duyduğunuz bir kardeşle iyi bir ilişkiniz olur ve ona öfke duyduğunuz için suçluluk hissedersiniz?" diye sordum.

"Hissetmezsiniz" dedi adam. "Mesele de bu."

Zihnimin bir an bomboş olduğunu hissettim. "Peki nasıl bir çözüm öneriyorsunuz?" diye sordum.

"Tam olarak başından beri söylediğimiz gibi" dedi adam. "Çocukları rollere hapsetmeyerek ve onları bir birey olarak görerek. Engelli ya da hasta bir çocuk neden başka bir çocuktan farklı olsun ki? Kardeşim Donald astımından ya da ülserinden ibaret değildi ki."

Engelli kız kardeşi olan kadın da aynı coşkuyla devam etti: "Çocuklara sorunsuz insanlar olarak davranalım derim. Ciddi sorunları olan çocuklara bile. Böylece bizim onlardan beklediğimizin çok daha fazlasını yapabilirler."

Seslerinden buna ne kadar ikna olduklarını anlayabilirdiniz. Teori çok güzeldi. Peki ya pratik? Çocuklara temelde becerikli, temelde sorunsuzlarmış gibi davranabilecek miydik? Hele de "sorun"larının tam ortasındalarken.

"Bakalım yapılabiliyor mu?" dedim gruba dönerek. "Az önce bahsettiğimiz örnekleri ele alalım –beyin felci olan çocuk kendini yaşadığı öğrenme zorluğu nedeniyle yenilmiş hissediyor, tekerlekli sandalyedeki kardeş kendini olduğundan daha yardıma muhtaç gösteriyor– ve bu anlarda tüm çocuklara normal davranalım.

Epey bir tartışmadan sonra şu noktaya geldik:

ARTIK PROBLEM ÇOCUK YOK
ÇOCUĞUN YAPAMADIKLARINA DEĞİL YAPABİLDİKLERİNE ODAKLANIN

Aşağıdaki ifade yerine...

Onu cesaretlendirin

Aşağıdaki ifade yerine...

Onu cesaretlendirin

Aşağıdaki ifade yerine...

Onu cesaretlendirin

Tüm alıştırmalarımızın ve tartışmalarımızın sonunda grupta yeni bir kanı hâkim olmaya başladı. Herkes bunu sözcüklere dökmek için uğraşırken birbirlerinin zihinlerinde oluşan düşünceleri kurmuş oldular.

"Şimdi görüyorum ki ailede kimsenin 'problem' olmadığını göstermek, anne babanın kullandığı tona bağlı."

"Bazılarımızın diğerlerine göre başa çıkması gereken daha çok sorunu olabilir, ama hepimiz olduğumuz gibi kabul edilmeliyiz."

"Hepimiz büyüyebilir ve değişebiliriz, bu potansiyele sahibiz."

"Bu, sorunlarımız olmayacağı anlamına gelmez; ama her sorunla ayrı ayrı başa çıkabiliriz. Önemli olan kendimize inanmamız."

"Ve birbirimize inanmamız."

"Ve bir takım gibi birbirimizi desteklememiz. Çünkü aile olmak budur."

Gözümü salonda dolaştırdım ve insanların yüz ifadelerindeki azmi gördüm. Bugün bu seansta bir tohum atmıştık. O tohuma ne olacağını merakla bekliyordum.

Ufak bir hatırlatma notu...

PROBLEMLERİ OLAN ÇOCUKLAR PROBLEM ÇOCUK OLARAK GÖRÜLMEMELİ

Problemleri olan çocuklar şunlara ihtiyaç duyarlar:

Hayal kırıklıklarının anlaşılmasına
"Bu kolay değil. Hayal kırıklığına uğradığını anlıyorum."

Mükemmel olmasa da başarılarının takdir edilmesine
"Bu sefer gerçekten çok yaklaştın."

Çözümlere odaklanmalarına yardım edilmesine
"Bu zor bir durum. Bu durumda ne yapman gerekiyor?"

Tohum tuttu. Anne babalar olarak çocuklarımızı hapsettiğimiz rollerden kurtarabileceğimiz inancı hepimizin zihnine yerleşti. O andan itibaren artık bir çocuğun ne olacağının hiçbir sınırı yoktu. Gruptakiler çocuklarına farklı bir bakış açısıyla yaklaşmaya karar verdikten sonra evlerinde olmadık olayların yaşandığını anlattılar.

Claudia, çocukluğundan beri "düzenli" bir kızdı. Bloklarıyla oynadıktan sonra kimse bir şey söylemeden onları kaldırırdı, hem de boy sırasına göre yapardı bunu. Diğer yandan Gretchen'ın ise her zaman zihni biraz dağınıktı. Bir şeyi yerine kaldırmaz, sonra da nerede olduğunu bulamazdı. Bu hafta sonu, kilerimin fena halde dağılmış, her şeyin birbirine girmiş olduğunu fark edince az kalsın otomatik olarak "Haydi Claudia, sen benim düzenleyicimsin, bu tam sana göre bir iş" diyecektim.

Ama demedim. Onun yerine Gretchen'a gittim. "Gretchen şu kilerin haline artık dayanamıyorum. Bir şey yapmamız gerekiyor. Bana yardım eder misin?" dedim.

"Tamam" dedi ve her şeyi kilerden çıkarmaya başladı. Kutular, poşetler, kavanozlar, aletler. Aniden çok gerildim, çünkü "Bütün bu dağınıklığı toplamama yardım etmeyecek, sonunda iş bana kalacak" diye düşündüm.

Ama çıkardıklarını geri koymakla kalmadı her rafı bir güzel temizledi ve mükemmel bir şekilde yerleştirdi. Hatta fazladan bir çekmece için yer açılınca oraya da market poşetlerimi koydu.

İnanabiliyor musunuz? Benim düzensiz, aklı havada, küçük sersemim (şaka tabii) çok iyi bir iş çıkardı!

* * *

Michael'a ne kadar büyük olduğunu söyleyerek onun hoşuna gidecek bir şey yaptığımızı sanıyorduk. "Anne, baba, büyük ağabey ve bebek." Hep böyle diyorduk. Ama geçen haftadan sonra Kay'le konuştuk ve Michael'ı çocuksuluğundan mahrum ettiğimize karar verdik. Mesela bebek emeklediğinde, "Hey şuna bak nasıl gidiyor!" diye kıyameti koparıyordum ama Michael arkasından emeklemeye başladığında "Sen büyüksün, sana yakışmıyor" diyordum.

Bu nedenle "Büyük ağabey" ve "bebek" yaftalarını kaldırmaya karar verdik. Bundan sonra onlar Michael ve Julie'ydi. Ve sanırım bunun yardımı oldu. Dün bir dizimde Julie otururken Michael diğer dizime tırmandı. Hoplayıp zıplayarak "Ben süper bebeğim!" demeye başladı. Sonra durup ne tepki vereceğime baktı. "Merhaba, süper bebek!" dedim. O andan beri en sevdiği oyun kucağıma oturup hastaneden yürüyebilerek, konuşabilerek, koşabilerek ve yüzebilerek gelmiş süper bebeği oynamak!

* * *

Hal (zorba) ve Timmy'nin (zayıf) kendilerini farklı görmelerine yardımcı olmayı ilk kez deniyordum.

Odadan hoşuma gitmeyen sesler geldi. Bakmaya gittiğimde Timmy yere yapışmış, Hal ise üstüne çıkmıştı. "Hal çabuk kalk, seni koca ayı, öldüreceksin çocuğu!" diye bağırmak üzereydim. Sonra hatırladım.

BEN: (*Sesimin doğal olması için uğraşarak*) Pekâlâ Timmy, çok fazla sert olmadan sana dövüşmeyi öğreten bir ağabeyin olması çok iyi bir şey. (*Hal büyülenmiş gibiydi.*)
Ve Timmy, senin de buna dayanacak kadar güçlü olman çok iyi bir şey. (*Şimdi de Timmy büyülenmişti.*)

Dua ederek odadan çıktım.

Birkaç dakika boyunca pat küt sesleri geldi ama çığlık duymadım. Sonra Timmy ağlayarak mutfağa geldi. Hal tam arkasındaydı.

TIMMY: Canımı acıttı!

BEN: (*Buna devam edebileceğimden emin olamayarak*) Hal'e söyle. Böylece çok fazla güç kullanmaması gerektiğini anlar.

TIMMY: Söyledim.

BEN: Tekrar dene. Ve eğer seni dinlemezse onunla güreşmeyeceğini söyle. Sen acıdı dediğinde bırakması konusunda anlaşmalısınız. Hal aptal değil. Bunu anlayabilir.

Birbirlerine baktılar ve yeniden yatak odasına koştular. Birkaç dakika sonra bir çığlık duydum ve odaya koştum. Kapıyı açmadan Hal'in sesini duydum.

HAL: Özür dilerim. Özür dilerim dedim. Sen de beni yumrukla. Ah! O kadar sert değil. Haydi gel sana kol nasıl bükülür göstereyim.

Birkaç pat küt sesi daha ve sonra güm.

Kapıyı açtım. Kitaplık devrilmiş, bütün kitaplar ve oyunlar yerlere saçılmıştı.

BEN: Şimdi sinirlendim. İkinizin de başı dertte. Bu oda tamamen toplanmadan dışarı çıkmaya kalkmayın!

Suçlu bir ifadeyle kıkırdadılar ve kitapları toplamaya başladılar. İlk defa aynı takımdaydılar. Aynı suçu paylaşıyorlardı. Kaşlarımı çatıp odadan çıktım, ama aslında için için gülüyordum.

Anne babalar kendi söz ve davranışlarının çocuğu bir role nasıl hapsettiğini fark ettiklerinde kardeşlerinin sözlerine karşı da daha tetikte oluyorlar. Bu seanstan önce bir çocuğun diğerini belli bir kalıba sokan sözlerini duymazken şimdi bu sözlere ses çıkarmamayı reddediyorlar. İşte yazılı olarak gelen bazı hikâyelerden birkaç bölüm:

BILLY: (*Kardeşi Roy'un önünde annesiyle konuşurken*) Ben Roy gibi değilim. O çekingen. Ben insanlara merhaba diyorum.

ANNE: Duyduğuma göre sen insanlara merhaba diyebiliyorsun. Roy da istediğinde merhaba diyecektir.

* * *

ALEX: Anne, Zachary hep yemek seçiyor. Tonbalığının tadına bile bakmıyor.

ALEX: Zach ne sevdiğini biliyor. Hazır olduğunda onu da deneyecektir.

* * *

Philip: (*Küçük kız kardeşine*) Kötü kız!

Baba: Hey, çocuklarımın birbirlerine "kötü" demelerini istemiyorum. Katy'nin oyuncak ayını ısırmasını istemiyorsan ona ısırması için aldığımız oyuncaklardan birini ver.

* * *

Karen: Anne, öğle yemeği paramı kaybettim.

Kardeşi: Yine mi?

Karen: Benim suçum değil. Cebimde delik var.

Kardeşi: Çok dikkatsizsin.

Anne: Ben öyle olduğunu düşünmüyorum. Bence tek ihtiyacın olan paranı koyacağın güvenli bir yer.

* * *

En küçük kızım Rachel her zaman bize biraz fazla yapışıktı. Annesiyle boşandıktan sonra bu daha da arttı. Ablaları bu yüzden ona "baş belası" diyerek her şeyi daha da kötüleştirdiler.

Bu konuda ne yapabilirim diye düşünürken aklıma üniversitede insan ilişkileri dersinde yaptığımız "güç bombardımanı" alıştırması geldi. Hepimiz diğer öğrenciler hakkında hoşumuza giden üç özelliği yazıyorduk. İnsanların benim için yazdığı onca güzel şeyi gördüğümde nasıl harika hissettiğimi hatırladım.

Kızlar bir sonraki hafta sonu bana geldiklerinde onlardan birer yastık alıp birlikte yere oturmalarını istedim ve bu gece özel bir şey yapacağımızı söyledim.

Her biri sırayla birbiri hakkında sevdiği üç özelliği söyleyecekti, ben de bunları ayrı kâğıtlara yazacaktım. Rachel'den başlayalım dedim.

Amy, "Rachel iyi kız" dedi.

Ona buradaki amacın Rachel hakkında özellikle sevdiği bir şey paylaşması olduğunu söyledim. Amy, "Rachel'in odama gelip gülmesini ve izlediği dizideki komik bir şeyi anlatmasını seviyorum" dedi.

Rachel gülümsemeye başladı.

"Bir tane daha" dedim.

"Rachel'in ona kitap okumamı istemesi hoşuma gidiyor."

Rachel hakkında böyle altı yorum topladım. Sonra diğer kızların listelerine geçtik. Yorumlar gitgide daha ayrıntılı olmaya başladı. Şöyle şeyler söylüyorlardı:

EMILY: Amy'nin bebekleriyle oynarken onları mantıklı cümleler kurarak konuşturmasını seviyorum.

AMY: Emily'nin nezaketini seviyorum. "Patatesi uzatabilir misin lütfen?" demesi gibi.

RACHEL: Kendimi kötü hissettiğimde Emily'nin odama gelmesini ve kolunu boynuma dolayıp "Neyin var Rachel?" demesini seviyorum.

Devam ettikçe birbirleri hakkında daha coşkulu cevaplar vermeye başladılar. Sonra Amy "Kendimiz hakkında da sevdiğimiz şeyleri söyleyebilir miyiz?" dedi.

"Tabii ki" dedim ve söylediklerini listelerine eklemeye devam ettim.

AMY: Korkmuş bir sokak kedisi gördüğümde sessizce konuşarak onu yatıştırıyorum.

EMILY: Rachel'e oyun öğretişimi seviyorum.

RACHEL: Saçlarımı tarayışımı seviyorum.

O hafta sonu kimse Rachel'le uğraşmadı. Gitmeden önce her kızın kendi listesini çantasına koyduğunu fark ettim.

* * *

4,5 yaşındaki Jonathan'ın bebekken kaslarında koordinasyon bozukluğuna neden olan ataksi hastası olduğunu öğrendik. Bunun hayatımızda pek çok düzenlemeye neden olacağını biliyordum ama en zor olan açık hava etkinlikleriydi. Biz atletik bir aileyiz. Bill ve ben sırt çantalarımızla yolculuk etmeyi severiz. 8 yaşındaki kızımız Jennifer da süper bir sporcudur. Buz pateni yapar, tenis oynar, yüzer ve kendi okulundaki en hızlı koşucudur.

Jennifer hafta sonları onu buz patenine götürmemiz için yalvarır ve genellikle götürürüz ama birimiz evde Jonathan'la kalmak zorundadır.

Jen'e kardeşinin normal aktiviteleri yapamadığını ne kadar açıklamaya çalışırsak çalışalım o sürekli "Her şeyi mahvediyor" diye yakınıyor.

Son seanstan sonra Jon'un yapamadığı şeyleri vurgulamakla ve Jen'e kardeşinin normal olmadığını anlamasını istemekle ikisi için de yanlış bir şey yaptığımı anladım. Cumartesi sabahı bir aile toplantısı yaptık ve kendi ailemize uygun yeni bir "normal hayat" yaratacağımızı söyledim. O günden itibaren hayatımız yine başka ailelerden farklı görünse de bu bizim normalimiz olacaktı. Her aile bireyi koşulsuz ve bir bütün olarak kabul edilecekti. Herkes istediği takdirde kendisine uygun şekilde aile aktivitelerine katılacaktı. Sonra hepimiz buz pateni yapmaya gittik.

Buza ilk inen Jennifer oldu. Büyük bir zarafetle kayıyordu. Ardından kiralık patenleri, kaskı, önünde ve arkasında babasının kemeriyle sabitlenmiş iki yastık ve yanında iki yetişkinle birlikte Jonathan indi. Bizim Jon'la buz pistine gitmemiz on beş dakika sürdü. Bu sırada Jen kardeşini cesaretlendirecek şeyler söyleyerek belki yirmi kez yanımızdan hızla geçti. Buzdan çıkarken Jon kulağımıza eğilip gülümseyerek "Eminim bu kadar iyi kayacağımı düşünmemiştiniz!" dedi.

6. bölüm Çocuklar kavga ettiğinde

Faydalı bir müdahalede nasıl bulunulur?

Sonunda kavga konusuna gelmiştik.

"Gerçekten mi?" diye sordu bir kadın. "Daha fazla erteleme yok mu? Çünkü ilk seanstan beri bu anı bekliyorum."

"Bana çocuklarınızın hâlâ birbirleriyle kavga ettiğini söylemeyin sakın!" dedim dalga geçerek.

Kadının şaka kaldıracak hali yoktu. "Eskisi kadar sayılmaz" diye cevap verdi. "Pek çok şeyi daha farklı yapıyorum ve kesinlikle daha iyi geçiniyorlar. Ama kavga ettiklerinde başa çıkmakta hâlâ zorlanıyorum."

Gruba "Çocuklar kavga ettiklerinde genellikle ne yapmamız söyleniyordu?" diye sordum.

Pek çok kişi ağız birliği etmişçesine "Bunun dışında kalmamız" diye cevap verdi.

"Başka?"

"Sorunu kendilerinin çözmesine izin vermemiz."

"Neden?"

"Çünkü biz müdahale ettikçe hep karışmamızı isteyecekler."

"Ve tartıştıklarında sorunlarını hep siz çözerseniz hiçbir zaman bir şeyleri kendi başlarına halletmeyi öğrenemeyecekler."

"Öyleyse" dedim, "didişmeye başladıklarında bunun onlar için aralarındaki anlaşmazlıklarla başa çıkma deneyimi olduğunu düşünüp görmezden gelmenin iyi bir fikir olduğu konusunda hemfikirsiniz."

Seansı açan kadın çıkardığım özetten tatmin olmamış görünüyordu. "Ben küçük didişmelerden söz etmiyorum. Çığlıklardan, küfürlerden, havada uçuşan eşyalardan söz ediyorum. Bunu görmezden gelemem."

"Bu akşam tam olarak bunu konuşacağız" dedim. "Gerekli olduğunu düşündüğümüzde çocukların kavgalarına sorunu çözecek şekilde nasıl müdahale edeceğimizi... Ama sanırım önce durup şimdiye dek söz etmediğimiz kavga nedenleri var mı diye düşünsek iyi olur."

Konunun uzmanlarına sorumu yöneltmiş oldum. Cevaplar arka arkaya geldi.

"Benim kızım eşya için kavga ediyor. Kendine ait hiçbir şeyi paylaşmıyor ama erkek kardeşinin nesi varsa istiyor."

"Benimkiler yer için kavga ediyor. 'Baaabaaa! Odama girdi!'"

"Küçükken babamı kendi tarafıma çekmek için kavga ederdim. Böylece kardeşime babamın beni daha çok sevdiğini kanıtlamaya çalışırdım."

"Bu belki kulağa uzak bir ihtimal gibi gelebilir ama bence farklı cinsiyetteki kardeşler birbirlerine karşı duyabilecekleri cinsel duygularla başa çıkmak için kavga ediyor olabilir. Güvenli bir mesafe koymak için..."

Pek çok kişi söylediklerim karşısında şaşırdı, ama kimse itiraz etmedi.

"Bazen çocuklar kendilerine öfkeli olduklarında ve hırslarını çıkaracak kimseyi bulamadıklarında kardeşleriyle kavga ediyorlar."

"Ya da bir arkadaşlarına sinirlendikleri ve ona yumruk atamadıkları için kardeşlerine atıyorlar."

"Ya da okulda öğretmen onlara bağırdı diye..."

"Ya da bazen yapacak daha iyi bir şeyleri olmadığı için... Oğlumun ve küçük kızımın durumu böyle... Oğlum can sıkıntısından kardeşiyle uğraşıyor. 'Biliyor musun bacakların kopacak?', 'Biliyor musun doğduğunda bir köpek yavrusuydun' diyor."

"Benim oğlum kendini güçlü hissetmek için küçük kardeşiyle uğraşıyor. Bir keresinde onunla dalga geçtiğinde kinayeli bir şekilde 'Vay canına! Kardeşinle uğraşmak eğlenceli olmalı!' dedim. 'Evet, bana güç veriyor. Futbol maçım için buna ihtiyacım var' diye cevap verdi."

"Benimkiler benim ortaya koyduğum gösteriyi izlemek için kavga ediyorlar. Ben onları yatağa soktuktan iki dakika sonra 'Aaannee! üstüme çıktı!', 'Aaannee! Odama girdi!' diye bağrışıyorlar. Ben bağırarak merdivenlerden çıkıyorum. 'Ne yapıyorsunuz! Kesin şunu! Kesin şunu!' diyorum. Ben ne olduğunu anlayana kadar haftalar böyle geçti. Sonra kavga ediyormuş görüntüsü vermek için odalarının duvarına vurduklarını itiraf ettiler. Hepsi beni bir akşamda altı kere yukarı çıkarmak için yapılmış bir numaraydı. Bunun muhteşem olduğunu sanıyorlardı."

Birkaç gülüşme, birkaç iç çekiş...

Seansın başında konuşan kadın "Benim evimdeki durumun ise gülünecek hiçbir yanı yok" dedi. "Oğullarımın yaptıkları beni ölümüne korkutuyor. Daha geçen gün birbirlerine ağır tahta oyuncaklar atıyorlardı. Onları ayırıp odalarına gönderdim. Ama migrenim tuttu, yatmak zorunda kaldım. Sonra kafama sarılı bir bezle yataktan kalktığımda onların güldüğünü ve birbirleriyle oynamaya başladıklarını duydum. 'Onlar için harika! Bunu aştıklarına sevindim ama benim migrenim başladı' diye düşündüm."

"Bu migren konusunda bir şeyler yapabiliriz" dedim. "Öncelikle çocukların kavgalarına genellikle nasıl tepki verdiğimizi inceleyerek başlayalım" diye devam ettim. Bunun için iki gönüllü –bir büyük erkek kardeş ve bir küçük kız kardeş– istedim. "Ben olurum" diye yerinden kalktı bir adam.

"Ve ben" dedi bir kadın. "Ben hâlâ ailemin küçük kızıyım."

Önce ağabeyle konuştum. "Yaklaşık 8 yaşındasınız. Uzun yağmurlu bir sabahta yapacak bir şey arıyorsunuz. Birden eski bloklarınızı ve oyuncak hayvan setinizi görüyorsunuz ve gözleriniz parlıyor. (Ona bir torba blok ve plastik hayvan uzattım.) Bunlar aslında daha küçüklere göre, ama bir hayvanat bahçesi yapmak istiyorsunuz. Belki içinde maymunlar için ağaçlık bir alan ve balıklar için bir havuz olabilir... Her şey mümkün."

Ağabeyi oynayan adam yere oturdu ve hayvanları dizmeye başladı. O oynarken ben de küçük kardeşi yanıma çağırdım ve kulağına "Bu sabah yapacak hiçbir şeyin yok. O sıkıcı bloklarla ve hayvanlarla da uzun süredir oynamadın, ama ağabeyinin bu kadar eğlendiğini görünce onun yanına oturup 'Ben de oynamak istiyorum' diyorsun" diye fısıldadım.

Yerime geçtim ve hepimiz olacakları bekledik.

Birden kıyamet koptu:

KIZ KARDEŞ: Ben de oynamak istiyorum.

ERKEK KARDEŞ: Hayır, bir hayvanat bahçesi yapıyorum ve tek başıma yapmak istiyorum.

KIZ KARDEŞ: (*Zebrayı ve iki bloğu kaparak*) İstersem ben de oynarım.
ERKEK KARDEŞ: Hayır, oynayamazsın, geri ver onu!
KIZ KARDEŞ: Evet oynarım. Bu benim.
ERKEK KARDEŞ: İlk ben aldım.
KIZ KARDEŞ: İstersem alabilirim. Babam bunu bana da aldı.
ERKEK KARDEŞ: (*Elini yakalayıp parmaklarını açmaya çalışarak*) Ver!
KIZ KARDEŞ: Ah! Canımı acıtıyorsun!
ERKEK KARDEŞ: Ver dedim!
KIZ KARDEŞ: Aaanneeee, canımı acıtıyor! Durdur onu! Aaaanneeee!

Anne babalara döndüm. Böyle bir durumda genellikle ne yaparsınız? Kendinize sansür uygulamayın. Aklınıza ilk gelen şeyi söyleyin.

"Koşarak gelir ve durmalarını söylerim."
"Oyuncakları alır, ikisini de odasına gönderirim."
"Hayvan gibi davrandıklarını söylerim."
"Onları birlikte güzelce oynamaya ve paylaşmaya ikna etmeye çalışırım."
"Olayı kimin başlattığını öğrenirim."
"Büyüğün tarafını tutarım, ilk o almıştı."
"Küçüğün tarafını tutar ve büyüğe kendine oynayacak başka bir şey bulmasını söylerim."
"Kavga etmelerinin beni sinir ettiğini söylerim."
"Kimin başlattığını umursamadığımı sadece kavga etmeyi kesmelerini söylerim."

"Elimizde çok ender rastlanan bir fırsat var" dedim. "Az önce söylediklerinizi rol icabı çocuk olanlara söyleyip kulağınıza nasıl geldiğine ve bunun onları nasıl etkilediğine bakın."

Her bir anne baba sahnede çocuk rolü yapanların yanına gitti ve kavgayı kesmelerini söyledi. Her seferinde "çocuklar" tepkilerini verdiler. İşte yaşananların çizimleri (aynı babanın arka arkaya farklı yaklaşımlar denediğini göreceğiz):

KAVGA EDEN ÇOCUKLARA YARDIMCI OLMAYACAK MÜDAHALELER

KAVGA EDEN ÇOCUKLARA YARDIMCI OLMAYACAK MÜDAHALELER

Alıştırmanın sonuna geldiğimizde gördük ki çocukların kavgalarıyla başa çıkmak için herkesin kullandığı standart stratejiler sadece daha çok tatminsizliğe ve kızgınlığa neden oluyordu.

Ardından bir annenin ya da babanın kullanabileceği başka bir yaklaşımı göstermeye çalıştım. Önce kavganın arasına girerken aklımızda tutmamız gereken adımları tarif ettim.

1. Çocukların birbirlerine duydukları öfkeyi anlayın ve kabul edin, bu bile onları sakinleştirir.
2. Her çocuğu saygıyla dinleyin.
3. Karşı karşıya oldukları sorunun zorluğunu kabul edin.
4. Karşılıklı anlaşacakları bir çözüm bulabileceklerine dair inancınızı ifade edin.
5. Odadan çıkın.

Burada yine aynı çizgi hikâye karakterlerini kullanarak her adımı uygulamayı denediğimde neler olduğuna bakalım.

KAVGA EDEN ÇOCUKLARA NASIL YARDIMCI OLURSUNUZ?

ÇOCUKLAR SORUNU ÇÖZMEYE ÇALIŞIYOR

Alıştırmamız bittiğinde çocuk rolündekilere yaptığım müdahale hakkında ne hissettiklerini sordum.

ERKEK KARDEŞ: Bana saygı duyulduğunu ve güvenildiğini hissettim. Ayrıca çözümün ikimiz için de adil olması hoşuma gitti. Bu taviz vermem gerekmediği anlamına geliyordu.

KIZ KARDEŞ: Kendimi büyümüş hissettim. Ama odadan çıktığınız iyi oldu, yoksa sizin ilginizi çekmek için yeniden bağırmaya başlayabilirdim.

Şimdi sıra grubun sorularındaydı.

"Ama ya çocukların nasıl bir çözüm bulacaklarına dair hiçbir fikirleri yoksa? Benimkiler olsa birbirlerine bakarlardı."

"O durumda yanlarından ayrılmadan önce birkaç basit öneride bulunabilirsiniz: 'Sırayla oynamayı deneyebilirsiniz ya da birlikte oynamayı. Konuşun. Siz bilirsiniz.'"

"Peki ya çözüm bulmaya çalışırken yine birbirlerine bağırıp çağırmaya başlarlarsa. O zaman ne olacak?"

Çocuk rolündekilere yine anneleri gibi konuştum. "Şimdi bir şey yapacağım. Bu hoşunuza gitmeyebilir. Kimin ne alacağına karar vereceğim. Oğlum, sen hayvanat bahçeni yapmaya devam et. Kızım, sen de benimle gel. Ama bu akşam yemekten sonra hep birlikte konuşmamız ve bir kişi bir şeyle oynarken diğeri de onunla oynamak isterse ne yapılacağı konusunda bir kural belirlememiz gerek."

Bir sonraki soru migreni olan kadından geldi. "Ama çocukların birbirlerine gerçekten zarar verme tehlikesi varsa ne yapacağız? Bunu konuşmadık."

"Onu da şimdi konuşacağız" dedim. "Odaya giriyorsunuz; küçük çocuğunuz sandalyenin tepesinde, elinde metal bir kamyonla kardeşini tehdit ediyor. Büyükse elinde beysbol sopasıyla küçüğü tehdit ediyor."

"İşte bu!" dedi kadın. "Bu her an benimkilerin yaşayabileceği bir durum."

"Ne yazık ki" dedim, "benimkilere oldu. Ve birazdan dağıtacağım resimlerde göreceğiniz beceriler pek çok kez hem benim hem oğullarımın hayatını kurtardı."

Tüm eller kâğıtlara uzandı.

KAVGA ZARAR VERMEYE
DOĞRU GİTTİĞİNDE...

1. TARİF EDİN

2. SINIRLARI BELİRLEYİN

3. ONLARI AYIRIN

"Bu becerilerin nesini seviyorum biliyor musunuz?" diye sordum. "Onları kullanırken tecrübe ettiğim gücü. Benim onların ne yaptığını tarif ederken kullandığım yüksek ve kuvvetli sesim birden durmalarını sağlıyor. 'Evimizde kimsenin kimseyi incitmesine izin yok' dediğimde verdiğim o sağlam hüküm birbirlerine karşı duydukları hiddeti geçersiz kılıyor. Ve sonunda onların birbirlerini incitmesine izin vermeyecek kadar değer veren bir anneleri olduğu için minnettar olduklarını görüyorum."

"Sizin çocuklarınız şanslı" dedi bir adam üzüntüyle. "Benim ikiz kardeşim bütün çocukluğum boyunca bana eziyet etti. Anne babam ise bu duruma kayıtsız kaldı. Onlara göre bu sadece çocuk kavgasıydı. Kardeşimin her seferinde paçayı nasıl kurtardığını merak ettim. Neden onu durdurmuyorlardı? Onlar koskocaman anne ve babaydılar. Bu çocuğu hiçbir koşulda beni kum torbası gibi kullanamayacağını anlamasına yardımcı olabilirlerdi. Ama bir şekilde bu hiç olmadı ya da en azından etkili bir şekilde olmadı."

Başka bir adam "Anne babanızın tam olarak ne olduğunu anlamaması mümkün mü?" diye sordu. Belki sadece birlikte kudurduğunuzu düşünüyorlardı. Benimkilere baktığımda dövüşçülük oynama ile gerçek kavga arasında çok ince bir çizgi olduğunu görebiliyorum. Ve bazen neyin ne olduğundan emin olamıyorum."

"Eğer emin olamıyorsanız" dedim, "çocuklara 'Bu oyun mu yoksa gerçek kavga mı?' diye sormak iyi bir fikir olabilir. Bazen 'oyun' derler ama iki dakika sonra birinin ağladığını duyarsınız. O zaman da 'Bu birinin canının yandığı gerçek bir kavgaya dönüştü, buna izin veremem' demeniz ve onları ayırmanız gerekir."

"Peki ya biri 'Dövüşçülük oynuyorduk' diğeri ise 'Hayır gerçek kavgaydı, canımı yaktı' derse?"

"Bu size evde geçerli olacak bir başka kuralı yürürlüğe koyma fırsatı verir: *Dövüşçülük oyunu ancak iki kişinin de istemesiyle oynanabilir, eğer biri istemezse oyun bitmek zorundadır.* Böylece bir çocuğun diğerini üzme pahasına eğlenmesinin önüne geçecek bir kural koymuş olursunuz."

"Keşke benim anne babam da bunu bilseydi" dedi bir kadın. "Çocukluğumun en korkunç hatıralarından biri erkek kardeşlerimin beni tutup 'gıdıklama işkencesi' dedikleri şeyi yapmalarıydı. Beni nefesiz bırakana kadar güldürürlerdi ve herkesi de benim eğlendiğime inandırırlardı. Ne annem ne de babam bir kere bile ben bundan rahatsız oluyor muyum diye sormadı."

"Biraz kafam karıştı" dedi bir baba. "Bu seansın başında çocukların kavgalarının dışında kalmamız gerektiğinden söz ediyorduk, şimdiyse sanki müdahale etmemiz gerekiyor diyoruz. İki farklı mesaj alıyorum gibime geliyor."

"Her iki mesajın da kendi yeri var" dedim. "Çocukların kendi farklılıklarına dair sorunlarını kendileri çözme özgürlüğü olmalı. Diğer yandan çocukların bir yetişkinin müdahalesine de ihtiyacı olabilir. Eğer bir çocuk fiziksel ya da sözlü olarak diğerini taciz ediyorsa müdahale etmeliyiz. Tüm evin huzurunu bozan bir sorun varsa müdahale etmeliyiz. Onların çözümlerine rağmen sürekli tekrarlayan bir sorun varsa müdahale etmeliyiz.

Ama fark şurada: Bizim müdahalemiz onların arasındaki tartışmayı bitirmek ve bir karara bağlamak için değil, aralarındaki tıkalı iletişim kanallarını açabilecek nitelikte olmalı ki yeniden birbirleriyle anlaşabilsinler."

Baba, "Ama ya anlaşamazlarsa?" diye sordu.

"Bu da olabilir" dedim. "Çocuklar için duygusal olarak anlamı çok büyük olan bazı sorunlar vardır ki kendi başlarına aşamazlar. Tarafsız bir yetişkinin varlığına ihtiyaç duyarlar. Çocuklarımıza zorlu sorunlarla karşılaştıklarında nasıl yardımcı olabileceğimizi de gelecek hafta konuşacağız.

Bu arada sizin deneyeceğiniz bir sürü yeni beceriniz var. Eminim çocuklarınız bunun için size bir sürü fırsat sunacaktır."

"Görürsünüz" dedi bir kadın. "Bu hafta sırf beni sinir etmek için kavga etmezler."

Kocası onu sakinleştirmek için hafifçe omzuna vurdu. "Tatlım, çocuklarımız söz konusu olduğunda bunun için endişelenmene gerek yok."

KAVGAYLA NASIL BAŞA ÇIKMALI?

1. aşama: Normal bir münakaşa

a. Görmezden gelin. Bir sonraki tatilinizi düşünün.

b. Kendi kendinize, çocuklarınızın bir anlaşmazlığı çözmeye çalışarak önemli bir deneyim kazandığını söyleyin.

2. aşama: İşler kızışıyor.
Yetişkin müdahalesinin yardımı olabilir.

a. Öfkelerini anlayıp kabul edin.
"İkiniz de birbirinize çok kızmış gibisiniz!"

b. Her bir çocuğun bakış açısını yansıtın.
"Demek Sara köpek yavrusunu kucağında tutmak istiyorsun, çünkü daha yeni oturdu. Ve sen Billy, sıranın sana geçmesi gerektiğini düşünüyorsun."

c. Sorunu saygılı bir şekilde tanımlayın.
"Bu zor bir durum: İki çocuk ve bir köpek."

d. Çocukların bu sorunu kendileri çözebileceklerine dair duyduğunuz güveni dile getirin.
"İkiniz için de ve tabii köpek için de adil olacak bir çözüm bulacağınıza inanıyorum.

e. Odadan çıkın.

3. aşama: Durum tehlikeli olabilir.

a. Sorgulayın.
"Oyun mu oynuyorsunuz gerçekten kavga mı ediyorsunuz?" (Dövüşçülük oyununa izin var ama gerçek kavgaya yok.)

b. Çocukların bilmesini sağlayın.
"Dövüşçülük oyunu yalnızca iki taraf da istiyorsa oynanır. (Herkes için eğlenceli değilse durmak gerekir.)

c. Duygularınıza saygı göstermelerini isteyin.
"Siz oyun oynuyor olabilirsiniz ama bu beni çok yoruyor. Başka bir oyun bulmalısınız."

4. aşama: Durum kesinlikle tehlikeli ve yetişkin müdahalesi şart.

a. Ne gördüğünüzü tarif edin.
"Birbirine zarar vermek üzere olan çok kızgın iki çocuk görüyorum."

b. Çocukları ayırın.
"Birlikte olmanız güvenli değil. Sakinleşmek için bir mola verin. Çabuk, sen odana, sen de kendi odana!"

Nasıl devreye girmeliyiz ki sonra devreden çıkabilelim?

Bir sonraki seansa başlamamız biraz zor oldu. Bazıları insanlar çocuklarının kavgalarıyla nasıl farklı şekillerde başa çıktıklarını anlatmak için sabırsızlanıyordu. Diğerleri önceki hafta bıraktığımız yerden devam etmek istiyordu.

İki grup arasındaki gerginlik arttı.

Bir baba sırıtarak "Kavga! Kavga!" diye bağırdı.

Bir başkası masaya vurarak "Şimdi anlatmak istiyorum!" dedi.

Onlara uydum. "Bazılarınız geçen hafta edindiği becerileri ne kadar verimli kullandığını anlatmak istiyor" dedim.

"Doğru!" diye bağırdı.

"Ve bazılarınız" diye devam ettim diğerlerine dönerek, "daha fazla bilgi edinmek için sabırsızlanıyor. Hikâyeleri dinlemek istemiyorsunuz. Kavgayla başa çıkmanıza yardımcı olacak bilgiler istiyorsunuz."

"Evet" diye bağıranlar ve gülüşmeler oldu.

"Bu durumda ne yapıyoruz?" diye sordum.

Yetişkin gibi davranmaya ve tatlıyı sona bırakmaya karar verdik. Önce zor sorunların üstesinden gelecektik, seansın son yirmi dakikasında da hikâyeleri dinleyecektik.

"Çocukların arasında kendi kendilerine çözemeyecekleri kadar büyük anlaşmazlıklar çıkabilir. Bizim amacımız çocukların tartışmalarına ışık tutmak, bunu onların arasındaki bir mesele olarak görmek ve geçip gideceğini ummak olmalı. Ama kardeşler arasındaki bazı sorunların kolayca geçip gitmeyeceğini unutmamalıyız. Bu sorunlar ısrarla sürer ve çocuklar için büyük bir stres ve sıkıntı kaynağı olabilir.

Nereden mi biliyorum? Çünkü görüştüğüm çocuklar açıkça kardeşlerinin yaptıkları yüzünden ne kadar mutsuz olduklarını anlatıyorlar" dedim.

Not defterimi aldım ve hazırladığım listeyi açtım. "Bunlar çocukların kendi cümleleriyle söyledikleri birkaç örnek" dedim.

"'Ablam sanki annemmiş gibi bana sürekli bağırıyor.'

'Ben bütün işleri yaparken ağabeyim orada oturuyor. Ben kız olduğum için bunların benim işim olduğunu söylüyor.'

'Erkek kardeşim çok kötü şarkı söylediğimi ve evin içinde şarkı söylememe izin vermeyeceğini söylüyor.'

'Kız kardeşim ben ona vurana kadar beni kızdırıyor, sonunda başım belaya giriyor.'

'Erkek kardeşim hayvanlarıma kötü davranıyor. Kemirgenlerimi kuyruklarından tutup yere bırakıyor.'

'Annem ve babam olmadığında ağabeyim bana patronluk taslıyor ve onu dinlemediğimde canımı yakıyor.'

Bu çocuklara kendilerini rahatsız eden şeyi anne babalarıyla konuşup konuşmadıklarını sorduğumda cevapları ya 'Beni dinlemezler ki', ya 'Abarttığımı söylerler' ya da 'Kardeşinle sorununu çöz derler' oluyor."

Defterimi bıraktım ve karşımdaki endişeli yüzlere baktım.

Uzun bir tartışma başladı. Kendimize bazı zor sorular sorduk: Çocukları ciddiye alma konusunda oluşturduğumuz dirençten nasıl kurtulabiliriz? Onları dinleyebilmeyi ve onların birbirini dinlemesini nasıl mümkün kılabiliriz?

Sonunda aşağıdaki prosedüre karar verdik. (Örnek olarak anne babası evde yokken ona patronluk taslayan ve zarar veren erkek kardeşinden şikâyetçi olan kızın hikâyesini kullandık.)

Çocukların zor bir sorunu çözmesine yardımcı olmak

1. İlgili tarafları çağırarak bir toplantı düzenleyin ve toplantının amacını açıklayın.

"Bu ailede mutsuzluğa neden olan bir konu var. Herkesin kendini daha iyi hissetmesine yardımcı olmak için ne yapabileceğimize bakmalıyız."

2. Herkes için geçerli olan temel kuralları açıklayın.

"Bu toplantıyı yapıyoruz, çünkü Janie'yi rahatsız eden bir şey var. Önce bunu Janie'den duyacağız ve kimse sözünü kesmeyecek. O bitirdiği zaman senin bu durumu nasıl gördüğünü dinleyeceğiz Bill ve kimse senin sözünü de kesmeyecek."

3. Her çocuğun hislerini ve endişelerini yazın. Bunları çocuklara yüksek sesle okuyun ki onları doğru algıladığınızdan emin olun.

"Bizim dışarı çıkmamız Janie'yi korkutuyor. Bill'in ona kötü davrandığını söylüyor. En son televizyonu kapattı ve Janie'yi koltuktan hızla çekip kolunu acıttı."

"Bill sadece televizyonu kapattığını, çünkü çok fazla seyrettiğini ve onu dinlemediğini söylüyor.

Kolunu yavaşça çektiğini, acımasının imkânsız olduğunu söylüyor."

4. Birbirlerinin iddialarını çürütmeleri için her çocuğa zaman verin.

JANIE: Kolumda morluk var, canımı yaktığını kanıtlayabilirim. Ayrıca izlediğim programın bitmesine beş dakika kalmıştı.

BILL: O eski bir morluk ve program daha yeni başlıyordu.

5. Herkesi mümkün olduğunca çözüm önermeye davet edin. Fikirleri değerlendirmeden önce bir kâğıda yazın. Önce çocuklar konuşsun.

BILL: Janie beni dinlemeli, çünkü ben büyüğüm.

JANIE: Bill bana ne yapacağımı söylememeli ve canımı yakmamalı.

ANNE ya da BABA: Çocuk bakıcısı tutmalıyım.

BILL: Benim dışarı çıkmama izin ver.

JANIE: Bir arkadaşımı çağırmama izin ver.

BILL: Annem ve babam televizyon ve yatma saati için bir program belirlesin.

JANIE: Herkes kendi kendinin patronu olsun.

6. Kabul edebileceğiniz çözümleri belirleyin.

Bakıcı yok.

Acıtmak yok.

Patronluk yok.

Televizyon konusu önceden anne babayla konuşulacak.

Herkes kendinden sorumlu olacak.

7. Takip toplantısı

"Pekâlâ, önümüzdeki pazar günü herkes işlerin gidişatından memnun mu diye bakmak için yeniden toplanacağız."

* * *

Tüm bu tartışma boyunca bir adam ters ters bakıp kendi kendine söyleniyordu. Bitirdiğimde ona sözün kendisinde olduğunu işaret ettim.

"Bana bütün bu süreç fazla kibar geliyor. Eğer benim oğlum kızıma böyle bir şey yapsa, elimden hiç bu kadar kolay kurtulamaz. Ona bir daha biz dışarıdayken kardeşine elini değil parmağını bile kaldırırsa karşısında beni bulacağını söylerim" dedi elini yumruk yaparak. "Ve bu hiç eğlenceli olmaz."

Birkaç kişi ona destek verdi: "Evet! Söyle ona! Biraz sert olalım!"

Ardından tepkiler geldi:

"Bu size kendinizi daha iyi hissettirebilir ama kızınızı daha çok tehlikeye atmış olursunuz, çünkü oğlunuz mutlaka bunu ona ödetmenin bir yolunu bulur."

"Sadece bu değil; ona disiplin için kendisine değil babasına itibar etmeyi öğretmiş olursunuz."

"Ayrıca neden oğlunuzun sözüne karşı kızınızınkini dinlemeye bu kadar hazırsınız? Belki kızınız yalan söylüyordur."

Adam cevap vermek için ağzını açtı ama sonra bunun iyi bir fikir olmadığına karar verip sustu.

Bu kez başka bir adam söz aldı: "Çocukların arasındaki her sorunun neden böyle uzun bir problem çözme seansına dönüşmesi gerektiğini anlamıyorum. Bana göre yerine ve zamanına göre anne ya da babanın müdahale edip olaya el koyması gerekir. Bu taraf tutmak anlamına gelse de."

"Örneğin ne zaman?" diye sordum.

"Örneğin bir çocuk tamamen mantıksız davrandığında."

"Mesela?"

"Pekâlâ, örneğin geçen pazar olduğu gibi. Bisikletle çıkmaya hazırlanıyorduk. Oğlumun kızıma eski sırt çantasını vermesi için yalvardığını duydum. Kızım hemen reddetti. 'Onu mahvedersin' dedi.

Mahvetmek mi? O şey zaten çöpe atılacak halde olduğu için ona yenisini aldık. Çok sinirlendim ve 'Sırt çantanı hemen kardeşine ver! Şimdi!' diye bağırdım."

"Verdi mi?" diye sordum.

"Ne yapacaktı. Vermezse bizimle gelmek yerine evde kalacağını söyledim."

"Buna nasıl tepki verdi?"

"Bir süre surat astı. Ama ne yapayım. Bu ailede her şeyin paylaşılacağını öğrendi."

"Bu bana paylaşmayı öğretmezdi" dedi bir kadın öfkeyle. "Bunu yaptığı için babama kızardım. Eşyalar sadece eşya değildir. Sizin bir parçanızdır. Sizinle bağları vardır. Dolabımda güvelerin yediği, senelerdir giymediğim eski bir kazağım var ama onu kimseye ödünç vermek istemem, özellikle de kız kardeşime. Eğer sizin ailede olsaydım, kesinlikle kızınızın tarafını tutardım.

"Demek ki" dedim, "iki karşıt görüşümüz var."

1. Sırt çantasına sahip olan çocuğun yanında ol.
2. Sırt çantasına ihtiyacı olan çocuğun yanında ol.

Bu hafta için hazırladığım malzemeleri dağıtmaya başladım. Çizimlerin ilk sayfasında sırt çantası değil ama bir bluz için tartışan iki kız kardeş var. Sonraki sayfada annenin iki taraftan birini tutarak son kararı verdiğinde ne olduğunu görüyoruz. Son olarak anne belli bir değeri ya da kuralı savunarak bir tarafı desteklediğinde ama son kararı çocuklara bıraktığında ne yaşandığını görüyoruz.

BİR EŞYA İÇİN KAVGA

ANNE BABA SON KARARI VERDİĞİNDE NE OLUYOR

EŞYANIN SAHİBİNİN LEHİNE

EŞYAYI İSTEYENİN LEHİNE

ANNE BABA BİR TARAFI DESTEKLEDİĞİNDE AMA SON KARARI ÇOCUKLARA BIRAKTIĞINDA NE OLUR

Gruptakilerin çizgi hikâyelere bakmaları için birkaç dakika bekledim, sonra sırt çantasını vermesi için kızını zorlayan babaya dönerek "Ne düşünüyorsunuz?" diye sordum.

Baba tereddüt etti. "Yani, burada anne yine taraf tutuyor. Büyük kızına bluzu paylaşmak zorunda olmadığını söylüyor. Aslında 'paylaşma' demek istiyor. Bunun nesinin harika olduğunu anlamıyorum."

İki el kalktı.

"'Paylaşma' demiyordu. Kişisel eşyalara sahip olma hakkına saygı gösteriyordu. Bu iki çocuğu da koruyan bir prensip."

"Ayrıca anne, büyük kızın haklarını koruyarak ona bluzunu kardeşine ödünç vermeyi düşünebileceğinin de yolunu açıyor."

Baba, yüzünde bir iğrenme ifadesiyle başını salladı. "Çocukların bir şey paylaşmasında ne kötülük olduğunu hâlâ anlayamıyorum. Anlatamıyorum herhalde" diye söylendi.

"Anlıyorum" dedim. "Önemli bir noktayı işaret ediyorsunuz. Çocuklar paylaşmaları için cesaretlendirilmeli. Üstelik gayet pratik nedenler için. Bu dünyada yaşayabilmeleri için eşyaları, mekânları, hatta kendilerini paylaşmayı öğrenecekler. Ayrıca manevi nedenler de var. Çocuklarımıza gönüllü olarak vermenin zevkini aşılamak isteriz. Ama çocukları vermeye zorlamak onların sadece sahip olduklarına dört elle sarılmalarına neden olur ve gönüllü bir şekilde paylaşma niyetlerinin de altını oyar.

Şimdi bu seansın amacına geri dönelim. Çocukların birbirlerine hissettikleri iyi duyguları artırmaya çalışıyoruz. Daha az kavga etmelerini istiyoruz. Anne baba durumu ele alıp 'Bu evde kimin neyi paylaşacağına, neyi vereceğine, neyi tutacağına, neyin mantıklı neyin mantıksız, kimin haklı kimin haksız olduğuna ben karar veririm' dediğinde çocuklar anne babaya daha bağımlı olur ve birbirlerine karşı daha düşmanca davranırlar.

Gerilimi azaltan 'Kimin neye ihtiyacı var?', 'Kim ne hissediyor?', 'Herkese memnun edecek nasıl bir çözüm bulabiliriz?' gibi bir bakış açısı uyumu mümkün kılar.

Henüz tüm cevapları almadık. Elimizde sadece bir istikamet var. Temelde müdahale etmemeye çalışıyoruz ama ettiğimizde de mümkün olduğunca kısa sürede çocukları çözümü kendileri bulmaları için baş başa bırakıyoruz. Bu onları hayatlarının geri kalanına hazırlayacak en iyi şey."

Salonun arka tarafındaki saate baktım, seansın bitmesine birkaç dakika vardı.

"Pekâlâ", dedim, "kendimize hikâyeler için pek vakit bırakmamışız."

"Ne hikâyesi?" dedi bir kadın. "Ah, evet, sona sakladığımız kavga hikâyeleri. Sorun değil onları da gelecek haftaya bırakırız. Benim bir sorum vardı."

Başka eller de havaya kalktı.

"Benim de... Şey olduğunda ne yapıyorduk..."

"Şunu merak ediyorum..."

Bu grup yorulmak bilmiyordu. Konu bitmek bilmiyordu. Belli ki biten tek şey bendim.

"Lütfen sorularınızı bir kâğıda yazın. Onları eve götüreyim ve önümüzdeki hafta cevaplarını yazıp geri getireyim. Bu arada hatırlatma kâğıtlarınızı almayı unutmayın."

Ufak bir hatırlatma notu...

ÇOCUKLAR BİR SORUNU KENDİ BAŞLARINA ÇÖZEMEDİKLERİNDE

1. Konuyla ilgili kişileri çağırıp bir toplantı düzenleyin.

2. Her çocuğun duygularını ve endişelerini yazıp yüksek sesle okuyun.

3. Birbirlerinin iddialarını çürütmeleri için zaman verin.

4. Herkesi bir çözüm önermeye davet edin ve değerlendirme yapmadan tüm çözümleri yazın.

5. Hangi çözümleri kabul edebileceğinize bakın.

6. Durumu takip edin.

Ufak bir hatırlatma notu...

TARAF TUTMADAN YARDIM İSTEYEN ÇOCUĞA NASIL DESTEK OLABİLİRİZ

JIMMY: Baba, resim ödevimi bitiremiyorum. Boyaları versin.
AMY: Hayır, çiçeğimi boyamak zorundayım.

1. *Her çocuğun durumunu tanımlayın*
"Bakalım doğru anlamış mıyım? Jimmy senin ödevini bitirmek için boyalara ihtiyacın var. Amy sen de boyamanı bitirmek istiyorsun."

2. *Bir değeri ve kuralı belirtin.*
"Ödevler her zaman önceliklidir."

3. *Muhtemel bir uzlaşma için kapıyı açık bırakın.*
"Ama Jimmy kardeşinle bir anlaşmaya varmak istersen bu sana kalmış."

4. *Yanlarından ayrılın.*

Sorular

Son seansımızdan bir gün önce... İnsanların masama bıraktığı sorulara bakmam gerektiğini hatırlıyorum. Kâğıt yığınına bakınca bu konunun gerçekten bir türlü bitmediğini anlıyorum. İnsan bu konu hakkında ne kadar çok şey bilse de daha çok bilmek istiyor. İşte sorulan sorular ve verdiğim cevaplar:

Paylaşmaya zorlamak yerine paylaşma konusunda onları nasıl cesaretlendirebiliriz?

1. Paylaştırma görevini onlara vererek. ("Çocuklar herkes için büyük bir şişe köpük sabun aldım. Bunu en iyi nasıl paylaştırabiliriz?")
2. Paylaşmanın avantajlarını göstererek. ("Eğer sen ona kırmızı bo-

yanın yarısını verirsen ve o da sana mavi boyanın yarısını verirse ikiniz de mor elde edebilirsiniz.")

3. İçsel süreçlerine izin vererek. ("Lucy paylaşmaya hazır olduğunda haber verecek.")
4. Kendiliğinden bir şey paylaştığında bunu takdir ederek. ("Kurabiyenden bir parça verdiğin için teşekkür ederim, çok lezzetliydi.")
5. Kendiniz örnek olarak. ("Şimdi ben seninle kurabiyemin bir parçasını paylaşmak istiyorum.")

Büyük çocuk bilerek küçükten faydalanıyorsa ne yapmak gerekir? Kızım ve oğlum beysbol kartlarıyla oynuyorlar. Ablası hep en iyi kartları kendisine alıp uydurukları kardeşine veriyor. Ona bir şey söylemeli miyim?

İki taraf da memnunsa karışmaktan kaçınmak gerekir. Küçük oğlunuzun hayatı boyunca böyle olmayacağını düşünmek işinize yarayabilir. Yakında o da büyük kızınız kadar zeki ve özgüvenli olacak. Kendi adına konuşmayı ve ihtiyacı olanı istemeyi öğrenecek. Sonuçta çok iyi bir öğretmeni var.

Bizim evdeki bir sürü kavga çocuklardan birinin diğerini şikâyet etmesinden çıkıyor. Onları şikâyetten vazgeçirmenin bir yolu var mı?

Şikâyet edenin neden ettiğini anlamak işe yarar. Bu sadece kardeşinin başını belaya sokma isteği mi? Eğer durum buysa kardeşine kızarak onu ödüllendirmemelisiniz. "Ne? Kardeşin öyle mi yaptı? Söyle çabuk buraya gelsin" dememelisiniz. Ama düşünün ki oğlunuz gerçekten kendini kardeşinin hareketlerinden korumak için yardımınızı istiyor? Öyleyse ne yapacaksınız? Ne zaman müdahale etmek gerektiğini nasıl bileceksiniz?

Bir baba yargılamayı ve cezalandırmayı bıraktığında evde şikâyetlerin kesildiğini söyledi. Çocuklarından birbirlerini gerçekten dinlemelerini ve sorunlarını kendi aralarında çözmelerini istedi. Ama eğer gerçekten uğraştıkları halde çözemedilerse her zaman yardım etmek için orada olduğunu hatırlattı. Ayrıca "Eğer biriniz diğerinin tehlikeli olduğunu düşündüğünüz bir şey yaptığını görürse ayaklarınızın sizi getirebildiği en hızlı şekilde annenize ya da bana haber vermelisiniz. Bu ailede hepimiz birbirimizin güvenliğine dikkat etmeliyiz" diye de ekledi.

Dün çocuklarım oda oda peşimden dolaşarak "Sıra bende..." "Hayır bende..." diye kavga ettiler. Sanki ısrarla benim tepemde kavga ediyorlardı. Bir öneriniz var mı?

Siz de kendinizi korumak konusunda aynı şekilde ısrarcı olabilirsiniz. Onlara şöyle diyebilirsiniz: "Sıranın hanginizde olduğunun ikiniz için de çok önemli olduğunu anlıyorum ama benim şu anda sessizliğe ihtiyacım var. Sorununuzu odanızda ya da bahçede çözmeye çalışabilirsiniz ama burada değil!"

Çocukların tartışmaya hakkı olduğu kadar sizin de kulak zarlarınızı ve sinir sisteminizi korumaya hakkınız var.

Çocuklara sorunlarını çözmek için yazı tura atmayı teklif etmek konusunda ne düşünüyorsunuz?

Anne babanın böyle bir teklifte bulunmasındaki sorun, arkasında yatan mesajdır. Senin duyguların ve düşüncelerin önemli değil, bırakalım kaderini şans belirlesin.

Bir başka sorun ise sonuçta hep bir kazanan ve kaybeden olmasıdır. Ve genellikle mutsuz bir kaybeden...

Tüm çözüm seçeneklerinin üstünden geçtikten sonra yazı tura atmanın işe yarayacağını söyleyebilirim. Yine de başta şu soruları sormak gerekir. "Yazı tura atmak ikinize de uyar mı? Çıkan sonuç ne olursa olsun kabul etmeye hazır mısınız?"

Geçen pazar oğullarım parka mı gidelim yoksa kumsala mı diye tartışıyorlardı. Oylama yapmayı teklif etsem nasıl olurdu?

Oylama yapmak olumsuz duygulara neden olabilir, özellikle de çocukların her birini dinlemek yerine oylama yaparsanız. "Haydi bakalım tartışmayla zaman kaybetmeyelim. Oylama yapalım. Park mı kumsal mı? Dört kişi kumsal bir kişi park dedi. Kumsal kazandı. Haydi gidiyoruz." Azınlıkta kalan çocuğun bu tür bir demokrasi karşısında hezimete uğradığını hissedeceğine kuşku yok.

Tartışmadan bir sonuç alamayıp oylamaya gittiğim zaman (bütün gün evde zamanı nasıl geçireceğimizi tartışmak ya da oylama yapmak dışında seçenek kalmadığında) kazananların sevinç çığlıkları diner dinmez şunu söylüyorum: "Çoğunluk kumsala gitmek istediği için bugün kumsala gidiyoruz ama burada bir kişinin hayal kırıklığına uğradığını hepinizin bilmesini istiyorum. Andy gerçekten de parka gitmek için bugünü iple çekiyordu." Bu genellikle kazananların hava atmasına engel olur ve kaybedeni rahatlatır.

Üç kızla birlikte güzel bir gün geçirmeye çalıştığımızda durmadan didişmeleri beni çok sinirlendiriyor. Bu konuda yapabileceğimiz bir şey var mı?

Hayatlarının farklı evrelerindeki farklı çocuklar için kardeşleriyle daha az zaman geçirmek daha iyi olabilir. Ayrı gezmeler, ayrı arkadaşlar, ayrı ilgi alanları, ayrı etkinlikler, anne babayla özel olarak geçirecekleri vakitler onlara iyi gelebilir. Ayrı ayrı yeterince zaman geçirdiklerinde birbirlerine daha iyi görünmeye bile başlayabilirler.

Çocuklar nihayet iyi bir şey yapıp en iyi kim yaptı ya da işin çoğunu kim yaptı diye kavga ettiklerinde çıldırıyorum. Kızım "Bütün bulaşıkları ben yıkadım" diyor. Oğlum "Ama tencereleri ben yıkadım ve çöpü çıkardım" diyor. Bununla nasıl başa çıkmalıyım?

Çocuklar kimin daha çok yardımcı olduğu konusunda kabul görmeyi bekliyorlarsa bu anne babanın onların ortaklaşa yaptıkları işi tasdik etmeleri için harika bir fırsattır. "Hey, şu mutfağa bakın! İkiniz birlikte her şeyi tertemiz yapmışsınız. Ben ekip çalışması diye buna derim!"

Diyelim ki bu derste öğrendiğimiz becerileri uyguluyoruz ama bir çocuk diğeri için hayatı cehenneme çevirmeye devam ediyor. Bu durumda ne yapmalıyız?

Eğer bir çocuğun kardeşleriyle ilişkisinde nefret, kıskançlık ve sürekli bir rekabet ağır basıyorsa, asla paylaşmıyor, kardeşlerini durmadan fiziksel ve sözlü olarak taciz ediyorsa bir profesyonelden yardım almak gerekebilir. Anne baba çocuk için kişisel terapi ya da aile terapisini düşünebilir.

Hikâyeler

Son seansımızdan önce çok huzursuzdum. Dersin sonuna geldiğimiz için içimde bir sürü şüphe vardı. Her şeyi anlattım mı? Anne babaları çocuklardan birini sırdaş seçip diğerlerinin sorunlarını onunla konuşmanın ne kadar tehlikeli olduğu konusunda uyardım mı? Çocuklardan biriyle baş başa vakit geçiriyorsanız diğer çocuk hakkında konuşmanın kötü bir fikir olduğundan söz ettim mi? Anne baba her ne kadar tüm bu becerilere sahip olursa olsun bazı çocukların asla iyi geçinemeyeceğinden yine de anne babanın bu becerileri kullanarak durumun daha kötüye gitmesini engelleyebileceğinden bahsettim mi? Ah, ne kadar az vaktimiz kalmıştı.

Ama ben salona girdiğimde içerideki hava benimkinin tam zıddıydı. İnsanlar keyifle sohbet ediyordu. Sanki yaz tatilinden önce sınıftaki son ders gibiydi. Artık ders yoktu. Hikâye zamanıydı. Arkama yaslanıp anne babaların kardeş kavgalarıyla nasıl başa çıktıklarını dinleme zamanıydı. Grubun neşesi bulaşıcıydı. Ben de rahatladığımı hissettim.

Yerime geçtim ve başladık. Hikâyeler doğal bir şekilde sıralanıyordu. Birisi bir beceriyi nasıl kullandığıyla ilgili bir hikâye anlattığında bir başkası onunla uyuşan kendi tecrübelerini ekliyordu.

Örneğin ilk iki hikâye anne babaların çocukların kavgalarını onların yerine çözmeme kararı almasıyla ilgiliydi. İlginç bir şekilde iki vakada da kavganın nedeni bir sandalyeydi.

Kendimi cömert hissediyordum ve çocuklara hoşlarına gidecek bir şey vermek istedim. Akşam yemeklerini oturma odasında sehpanın üstünde yiyebilir ve televizyon izleyebilirlerdi.

Çok sevindiler ve hemen oturma odasına gidip sandviçlerini beklemeye başladılar. Ardından bir çığlık duydum. Aynı sandalye için kavga ediyorlardı. Bir süre sonra Jason pes etti, çünkü ondan yaşça ve fiziksel olarak daha büyük olan Lori sandalyeyi almıştı.

Jason çığlık atıp ağlayarak mutfağa geldi. Bana Lori'den sandalyeyi onun için istememi söyledi. Benim de içimden bunu yapmak geliyordu, çünkü Lori her zaman bir şekilde istediğini elde ediyor. Ama bunun yerine "Jason, ne kadar kızgın olduğunu anlıyorum. Bence Lori'ye ne hissettiğini söylemelisin" dedim.

Jason Lori'nin karşısına çıkmak için oturma odasına geri döndü. Bu onu aslanların önüne atmak gibi bir şeydi. Lori'nin onunla çok sert konuştuğunu duyunca oturma odasına gittim. "Bu ailede kimse kimseye hakaret edemez!" dedim.

Sonra Lori bana dönüp "Şımarık bir baş belası! Her zaman bu sandalyeyi alıyor. Ben hiç oturamıyorum!" diye bağırdı.

"İkinizin de bu sandalyeyi ne kadar çok istediğinizi görebiliyorum" dedim. Sonra televizyonu kapattım ve "Bir çözüm bulmak sana ve Jason'a kalmış" diye ekledim. Lori diğer mesajı da almıştı. Bir çözüm bulunana kadar televizyon yoktu.

Mutfağa geri dönerken Jason ağlayarak arkamdan geldi. Patlamak üzereydim. Hepsi Lori'nin suçuydu onu paralayabilirdim. Ama bir şans daha vermeye ve pek fazla inanmasam da (Lori'nin duyabileceği kadar yüksek sesle) şu cümleyi kurmaya karar verdim: "Gerçekten isterseniz ikinizin bu sorunu halledeceğinize inanıyorum."

Bu sırada (nasıl oldu inanamadım) Lori geldi ve "Jas, iyi bir fikrim var" dedi. Jason heyecanlanarak onunla oturma odasına koştu. Sonra da iyi arkadaşlar gibi mutlu bir şekilde mutfağa sandviçlerini almaya geldiler.

Ne çözüm buldular bilmiyorum, umurumda da değil. Bu tartışmanın dışında kaldığıma ve taraf tutmadığıma çok memnunum.

* * *

Derse gelen benim ama aldığım notları okuyarak değişiklikleri yapan kocam. Dün sabah kahvaltıya otururken Billy ve Roy pencere kenarındaki sandalyeye oturmak için kavga etmeye başladılar. Kavga şiddetlenince kocam "O sandalyeye benden başka kimse oturmayacak!" diye bağırdı.

Sonra ikisini de sandalyenin başından çekti ve kendisi oturdu. Billy "Senden nefret ediyorum baba!" diye bağırdı ve tüm kahvaltı bir felakete dönüştü.

Sonra kocamın kafasında bir ampul yanmış olmalı ki "Tanrım, Billy, ne kadar kızgın olduğunu anlıyorum, bu sabah bu sandalyede oturmak senin için gerçekten önemliydi" dedi.

Billy tüm gücüyle "Evet" dedi ve bütün öfkesi yok oldu. Sonra kocam "Eminim sen ve Roy ikinize de adil gelecek bir çözüm bulabilirsiniz" diye devam etti.

Biz şaşkınlıkla izlerken bir çözüm düşünmeye başladılar. Sonunda Billy'nin kahvaltılarda Roy'un ise akşam yemeklerinde o sandalyede oturmasına karar verdiler. Birden atmosfer değişti ve hepimiz kahvaltının tadını çıkardık.

* * *

Herkesin çocuğu çözüm bulamıyor olabilir ama önemli değil. İkisine de uygun gelecek bir alternatif aramak bile kardeşler arasındaki gerginliği azaltıyor. Karım işteydi, ben de üşüttüğüm için evde biraz dinlenmeye çalışıyordum. Sonra birden büyük bir kavga çıktı ve ikisi de olayı kendi açısından anlatmak için yanıma koştu.

Kendimi onları dinleyemeyecek kadar kötü hissediyordum, o yüzden sorunlarını odalarındaki karatahtaya çizmelerini istedim. Sorunlarını çizdikten sonra iyi bir çözüm düşünüp bunu da çizebilirlerdi.

Bu düşünceyle odadan çıktılar. Cetveli alıp tahtayı ikiye böldüler. Sonra iki oğlum da kendi tarafına bir resim çizmeye başladı.

Bitirdiklerinde sabahlığımı getirip beni yataktan çıkardılar ve odalarına götürüp resimlerini gösterdiler. Belli ki öfkeleri geçmişti, artık sinirli değillerdi. Resimleri yaparken bir ara barışmış olmalıydılar.

* * *

Ne yazık ki üç ergen kızım da aynı odayı paylaşmak zorunda. En büyük kavgalar birinin arkadaşı geldiğinde çıkıyor. Dün kimin odadan çıkacağına dair bir kavga koptu ve hepsi kendi tarafını tutmamı umarak yanıma koştu.

Ama bu kez karışmayacaktım. Onlardan her birine adil gelecek bir çözüm bulmalarını beklediğimi söyledim.

Yukarı çıktılar ve iki dakika sonra geri geldiler. Denediklerini ama bulamadıklarını, benim karar vermem gerektiğini söylediler.

Dediğimden şaşmadım.

BEN: Ne? Bu kadar büyük bir sorun için sadece iki dakika mı ayırdınız? Üç kız aynı odayı paylaşıyorsunuz ve arkadaşlarınız geldiğinde özel konuşmak istiyorsunuz. Bunu çözmek için iki dakikadan fazlasına ihtiyacınız var.

KIZLAR: Haydi ama baba sadece bize ne yapacağımızı söyle.

BEN: Biraz daha düşünün.

KIZLAR: Ama bu çok vakit alıyor.

BEN: Çok mu vakit alıyor?.. On üç farklı eyaletin en bilge adamlarının sonunda Amerika Birleşik Devletleri'ni kuracak anayasayı hazırlamaları ne kadar sürdü biliyor musunuz? Günler değil. Haftalar değil. Aylar değil. Yıllar! Sizin sorununuzu çözmek de zaman alacak ve üstünde kafa yormanızı gerektirecek. Ama eninde sonunda çözeceğinizden hiç kuşkum yok.

Tarihle mücadele edemezlerdi. Odalarına geri döndüler. On beş dakika boyunca ciddi ciddi konuştuklarını duydum.

Üzülerek çok net kuralları olan bir anlaşmaya varamadıklarını söyleyeyim. Ama sonraki iki hafta boyunca birbirlerine karşı davranışları ciddi biçimde değişti. Ne zaman birinin arkadaşı gelse diğeri ya dışarı çıkıyor ya da odada kalmasının bir mahzuru olup olmadığını soruyor. Bu pek hoşlarına gitmiyor ama üçü için de büyük bir gelişme.

* * *

Sonraki iki hikâye çözüm bulan çocuklar hakkında. Hatta bunlar çok küçük olmalarına rağmen pek çok büyüğün düşünemeyeceği kadar yaratıcı çözümlerle geliyorlar.

Geçen hafta 6 yaşındaki kızım, onun arkadaşı ve 3 yaşındaki oğlumla arabada gidiyorduk. İki kızda da ikişer meşe palamudu vardı ve oğlumda hiç yoktu. Ağlamaya başladı, çünkü onunla paylaşmak istemiyorlardı.

Kızım, eğer meşe palamutlarından birini kardeşine verirse kendisinde arkadaşından daha az meşe palamudu kalacağını söylüyordu. Biraz düşünürlerse hepsine adil gelecek bir çözüm bulacaklarından emin olduğumu söyledim (bunu dedim ama aslında söylediğim şeye inanmıyordum).

Bir dakika sonra kızım, "Anne bir çözüm buldum!" dedi. "Johanna (arkadaşı) meşe palamutlarından birini Jashua'ya verecek, ben de benimkilerden birini sana vereceğim. Böylece hepimizde birer tane olacak!"

* * *

Eşimin kız kardeşi çocuklarıyla bize geldiğinde ona yeni becerilerimi gösterme konusunda biraz gergindim, çünkü o, çocuk gelişimi derslerinin sadece güvensiz anne babalar için olduğunu düşünüyor. 5 yaşındaki yeğenim Johnny, 6 yaşındaki kızım Leslie'nin onun Spiderman olmasına izin vermediğinden şikâyet ederek geldi. "Johnny, bu gerçekten de zor bir sorun. İkiniz de Spiderman olmak istiyorsunuz. Hımm... Leslie'yle birlikte buna bir çözüm bulacağınıza eminim" dedim.

Eşimin kız kardeşi, "Bırak her zamanki gibi ne olacaksa olsun" gibi bir şey mırıldandı.

Beş dakikadan daha kısa sürede ikisi de heyecanla geri geldi. Bir çözüm bulmuşlardı! İkisi birden Spiderman olacaktı. Leslie'nin 19 aylık erkek kardeşi ve Johnny'nin 3 yaşındaki kız kardeşi ise ne isterlerse olabilirdiler.

Eşimin kız kardeşi gerçekten etkilenmişti. Bu kadar küçük yaştaki çocukların anne babaları ne yapacaklarını söylemeden kendi kendilerine çözüm bulduklarına inanamamıştı.

* * *

Bir sonraki örnek, ergen çocukları olan bir anneden geldi. Göreceğiniz gibi bu annenin tavrı "hiç olmayacağına geç olsun" şeklinde...

Keşke tüm bunları on sene önce öğrenseydim. Çocuklarınız küçükken bu becerileri kullanmak, sonra yaptığımız yanlışları düzeltmeye çalışmaktan çok daha kolay. Ama yine de düşününce onları medeni birer insana dönüştürmek için birkaç senem daha olduğunu anladım.

Akşam yemeği saati en korkuncu... Ben yemek yemeye çalışırken sadece birbirleriyle uğraşıyorlar. Onlara yüzlerce kez ne kadar iğrenç olduklarını söyledim ama kafalarına girmedi.

Her neyse, geçen haftaki seanstan sonra taktik değiştirmeye karar verdim. Artık hiçbir şeyin beni alt etmesine izin vermeyecektim. İlk hakarette onları durdurdum. "Kötü konuşmak yok", "Bu aşağılayıcı bir söz" ya da "Seçim sizin ya güzelce sohbet edin ya da susun" dedim.

Ayrıca ertesi gün akşam yemeğinde konuşacak ilginç bir konu hazırlamalarını söyledim. Herkesin ailemizin keyifli havasına katkıda bulunmasını beklediğimi de ekledim.

Ne kadar kararlı olduğuma inanamazsınız. Ertesi akşam yemeğe boynumda eski düdüğümle oturdum (eskiden beden öğretmeniydim). Sorun çıkarmadan masaya oturdular. Resmen normal insanlar gibi konuşuyorlardı. Beş dakika sonra ilk iğneleyici sözü duyduğumda düdüğümü çaldım. İlk başta ne olduğunu anlayamadılar. Sonra fark edip güldüler ve yemeğin geri kalanında sorun çıkarmadılar.

* * *

Şimdiye kadar anlatılan hikâyeler anne babalar tarafından yapılan çok kısa bir müdahaleyle çözülen tartışmaları konu alıyor. Bir de farklı olanlar var. Anne babayı "Kendi çocuklarınız olsun da görün, o zaman çileden çıkmak neymiş anlarsınız" diye bağırtan durumlar söz konusu... Bu son iki hikâyede anne baba öfkeli kardeşlerin arasına girip uzunca bir süre duruma dahil oluyor.

Çarşamba öğleden sonra...

Hal ve Timmy okuldan eve geliyorlar. Onları karşılıyorum ve günlerinin nasıl geçtiğini soruyorum.

Hal öğle yemeğini unuttuğunu ve bütün arkadaşlarının ona birer cips verdiğini söylüyor. Onun için üzüldüğümü söylüyorum, unuttuğu öğle yemeğini veriyorum. Sonra ikisi de oyun oynamaya gidiyor.

Birkaç dakika sonra itişip kakışarak geri geliyorlar. Timmy gözyaşları içinde.

BEN: Ne oldu?

HAL: (*Öfkeyle*) Timmy kafama vurdu.

TIMMY: (*Ağlayarak*) Yanlışlıkla oldu Hal. Kazaydı!

HAL: Hayır değildi! Bilerek yaptığını biliyorum. (*Yeniden Timmy'yi itmeye başlıyor.*)

BEN: (*Onları ayırarak*) Tamam, ne olursa olsun kimse birbirini itemez. Oturalım ve neler olduğunu dinleyelim.

HAL: Bundan bahsetmek istemiyorum.

Hal oturuyor ve Timmy'nin okul kütüphanesinden aldığı kitaba bakıyor. Timmy kitabı çekiyor. Hal geri alıyor.

HAL: Bakıyorum!

TIMMY: O benim kitabım.

HAL: Hayır değil. Onu kütüphaneden aldın, bu onu senin yapmaz.

İkisi de kitabı çekiştiriyor.

BEN: Şimdi başka bir sorunumuz var. İki çocuk ve bir kitap. Bunu nasıl çözeceksiniz?

TIMMY: Onun kitabımı okumasını istemiyorum, çünkü bana vurdu.

HAL: Sen bana vurduğun için. İntikamımı aldım!

TIMMY: O bir kazaydı ayrıca sert vurmamıştım.

HAL: Ya öyle mi? Sert vurdun, aynen böyle. (*Timmy'nin kafasına vuruyor.*)

Timmy yana doğru kaçıyor, bir parça karton alıyor ve onunla Hal'e yavaşça vurarak, "Hayır, bu kadar hafifti" diyor.

Hal kartonu kapıyor ve Timmy'ye sertçe vuruyor.

BEN: (*Onları ayırarak*) Bu gerçek bir kavga gibi görünüyor.

HAL: Kesinlikle haklısın, çünkü öyle!

BEN: Hal, öfkeni hissedebiliyorum. Şu anda Timmy'nin yanında olman güvenli değil. Yukarı çıkmanı istiyorum.

HAL: Gitmiyorum. İntikamımı almak istiyorum.

BEN: Vurmak yok. Ya sakinleşene kadar yukarda durursun ya da seni nelerin sinirlendirdiğini konuşuruz.

Hal gönülsüzce üç basamak çıkıyor, sonra yeniden iniyor.

HAL: Anne o kadar sert vurdu ki başım ağrıyor.

BEN: Ooo. Demek başın ağrıyor.

HAL:	Ve bu, bugün yaşadığım ilk baş ağrısı değil!
BEN:	Okulda da mı başın ağrıdı?
HAL:	Evet, müzik dersinde Bayan Cane bana bağırmaktan başka bir şey yapmadı.
BEN:	(*Birden büyük resmi görerek*) Demek zor bir gün geçirdin. Önce okula gittin ve öğle yemeğini unuttuğunu fark ettin, sonra müzik öğretmeni sana bağırdı.
HAL:	(*Başıyla onaylayarak*) Sonra da teneffüste Louis ve Steven benimle uğraştılar. Bahçedeki görevliler onları durdurmasaydı Bobby de onlara katılacaktı.

O gün okulda Hal'i sinirlendiren her şeyi tüm detaylarıyla dinlediğimde onun ne kadar zor bir gün geçirdiğini anladım. Bu ona iyi geldi. Ardından kardeşiyle güzelce oynadı.

* * *

Öz oğlum ile üvey oğlumun yaşları yakın. Kendi odaları olmasına alıştıklarından aynı odayı paylaşmak onlar için yeni bir şey. En büyük sorunlardan biri, ikisinin de aynı anda sevdiği müziği dinlemek istemesi. Dün aynı odada iki radyonun birden sesi sonuna kadar açıktı. Biri caz çalıyordu, diğeri rock.

BEN: (*Kapıda*) Ses! Ses! (*İki radyo da kapandı.*)

Ertesi gün yine aynı şey oluyor; biri rock dinliyor, diğeriyse caz. "Müziği kapatın!" diye bağırdım.

Bir süre sessizlik oldu.

Ardından gürültü yine başladı.

BEN: Bir seferde tek bir müzik!

Bu harika bir kuraldı. Hemen kavga başladı. Her biri sevdiği müziği dinlemek istiyor ve diğerinin zevksiz olduğunu söylüyordu.

Yatma zamanı. Bir başka kavga. Todd, Chick Corea'yla uyumak istiyor; Jeremy, Beatles'la. İkisi de olmayacağına göre hiçbirini dinleyemiyorlar. Todd bana gelip Jeremy'den önce her şeyin ne kadar güzel olduğunu söylüyor. O gece kocam, Jeremy'nin de Todd hakkında aynı şeyi söylediğinden söz ediyor.

Ertesi gün müzik yeniden başlıyor. İçeri giriyorum, sakince iki radyoyu da fişten çekip kendi dolabıma koyuyorum ve odamın kapısını kapatıyorum. Kapının vurulduğunu ve "Bu haksızlık" diye bağırıldığını duyuyorum. "Tüm ailenin ihtiyaçlarına uygun bir çözüm bulmadıkça bunları geri alamayacaksınız" diyorum.

Bir gün boyunca sessizlik ve huzur. Yeniden düşünüyorum. Sorunun bir kısmı alan. Eğer her çocuğun küçük de olsa kendine ait bir alanı olabilse... Ama neresi? Bodrumda bir bölüm var ama oraya girmesi bile zor; her taraf iki evden gelen eşyalarla ve kutularla dolu. Sorunun diğer kısmı –muhtemelen büyük kısmı– çocuklar arasında büyüyen kızgınlık. Bir şekilde bunu açığa çıkarmamız gerekiyor.

Ders notlarımın üstünden geçiyorum. Kocama danışıyorum ve birlikte ilk aile toplantımızı yapmaya karar veriyoruz. Oğlanlar biraz şüpheyle yaklaşıyor ama katılmak istiyorlar.

Birbirimizi dinlemekle ilgili temel kuralları açıkladıktan sonra her birinden onları rahatsız eden şeyleri anlatmalarını istiyoruz. Yavaş yavaş başlıyorlar ama biraz açıldıktan sonra onları susturmak mümkün olmuyor.

"Aynı odayı paylaşmaktan nefret ediyorum. Eskiden kendi odam vardı."

"Bir yabancının özel hayatımı işgal ettiğini hissediyorum."

"Özel hayatım yok, bazen kendime acıyorum."

"Biz çok farklıyız. O daha efendi. Ben biraz punk gibiyim."

"Buradaki yemek kurallarına alışamadım. Eskiden her istediğimi yerdim."

"Babamı paylaşmak hoşuma gitmiyor. Neden her zaman her şeyi birlikte yapmak zorundayız?"

Tahminimizden çok fazlası çıkmıştı. Bu noktadan sonra ne yapacağımı bilemiyordum, yardım etmesi için kocama baktım. Bana "benden de bir şey çıkmaz" dercesine baktı. Sonra da "Anneniz ve ben şikâyetlerinizi çok ciddiye alıyoruz ve söyledikleriniz konusunda biraz düşünmek istiyoruz. Tartışmamıza yarın sabah devam edelim" dedi. Sonra ben birkaç işi halletmek için evden çıktım. Eşim de faturaları ödemeye koyuldu.

Ben birkaç saat sonra eve döndüğümde bodrumdan sesler geldiğini duydum. Ne olduğuna bakmak için gittiğimde Todd beni gördü ve "Hey anne, tam zamanında geldin. Ne yaptığımıza bak!" diye bağırdı.

Jeremy de seslendi: "Baba! Sen de gel!"

Gözlerimize inanamadık. Karton kutular bir duvar boyunca üst üste üçer tane olmak üzere düzgünce yerleştirilmişti.

Yere bir halı serilmişti. Ortada bir koltuk, köşede bir lamba, diğer köşede bir gitar ve duvara dayalı bir masanın üstünde de radyo vardı.

Kocamın dili tutulmuştu. Ben o kadar şaşırmıştım ki "Bunu siz mi yaptınız? Aman Tanrım!" diyebildim sadece.

JEREMY: Burası benim müzik odam.

TODD: Öyle, çünkü Jeremy rock dinlerken oturmayı ve gitarını çalmayı seviyor; bense yatağıma uzanarak müzik dinlemeyi seviyorum.

Todd yatağına döndü ve bir CD koydu. Jeremy gitarını aldı ve müziği açtı. Biz iki mutlu sersem gibi birbirimize bakıp gülümseyerek oturma odasına gittik. İkimiz de bunun çok uzun sürmeyeceğini biliyorduk ama o an huzur vardı ve çok güzeldi.

Bu son hikâyeyle son seansımızı da bitirdik. İnsanların yüzlerindeki ifadelerden daha şimdiden bu seansları özlediklerini anlayabiliyordum. Ben de aynı şeyleri hissediyordum. Birlikte çok unutulmaz anlar paylaşmıştık.

"Bu seansları özleyeceğim" dedi biri.

"Bitirmek zorunda mıyız?" dedi başka biri. "Çocuklarım büyüyüp evden ayrılana kadar bu seanslara gelebilirim."

"Bir ay falan sonra bilgilerimizi tazelemek için bir araya gelebilir miyiz?"

Soran gözlerle gruba baktım. Bazıları hevesle başını salladı. Bazıları tatil programlarını ve önceden yapılmış planları düşünerek emin olamadı.

Başka bir seansı yapmayı planlamamıştım. Yine de bir ay sonra yapılacak bir takip seansını ben de isterdim.

Takvimlerimize baktık ve bir tarih belirledik.

7. bölüm

Geçmişle barışmak

Gruptaki herkesin katılmayacağını biliyordum. Bir kez o düzenli program bozulduğunda başka öncelikler araya girer. Yine de büyük grubun enerjisine alışık olduğumdan sadece altı kişi olduğumuzu görünce bir an buna alışmakta zorlandım.

"Boş ver" dedim kendi kendime. "Altı da iyi olabilir. Daha rahat ve samimi." Ama o gece sanki odada başka bir gerginlik vardı. Sandalyelerini yakınlaştırarak daha küçük bir daire oluşturmalarını istedim.

"Pekâlâ" dedim. "Nasıl gidiyor?"

Uzun bir sessizlik oldu.

Sonunda... "Birkaç hafta önce kız kardeşim Dorothy'yle konuştum ama bununla kimsenin vaktini almak istemem."

"Devam edin" dedim, "bu akşam için belirlenmiş bir programımız yok."

"Ama çocuklarımızın kardeşleriyle sorunlarını konuşmak için buradayız, kendi kardeşlerimizle olanları değil."

"Bu kez kardeşliğe dair aklınızda olan her şeyi konuşabiliriz."

Biraz tereddüt etti. "Aslında bu biraz dersle ilgili, çünkü bu ders olmasaydı onunla hiç konuşmazdım" dedi.

Birden ilgi arttı. Herkes ona doğru döndü.

"Daha önce kardeşimden söz ettiğimi hatırlayan var mı bilmiyorum..."

"Ben çok iyi hatırlıyorum" dedi bir kadın. "Çocukları karşılaştırmaktan söz ediyorduk ve siz nasıl annenizin hep Dorothy'yi desteklediğini ve bunun sizin için ne kadar üzücü olduğunu anlatmıştınız."

Dorothy'nın kardeşinin yüzüne renk geldi ve "Bu doğru" dedi. "Seanstan çıktığımızda annemin Dorothy'yi hep benden yukarıda görmesini ve Dorothy'nin üstünlük taslamasını hatırlayıp yeniden sinirlerim bozulmuştu.

Birkaç hafta sonra çocukları rollere hapsetmenin ne kadar yaralayıcı olabileceğini konuştuk. Pozitif roldeki çocuk için bile bunun böyle olabileceğinden bahsettik. O zaman belki Dorothy de acı çekmiştir diye düşündüm. Gece boyunca bu düşünceyi zihnimden atamadım ve ertesi sabah uyandığımda onunla konuşmam gerektiğini biliyordum."

Durdu ve soran gözlerle baktı. "Gerçekten bunu dinlemek istediğinize emin misiniz? Anlatacak epey şey var." Grup devam etmesini işaret etti.

"Onu aramak konusunda biraz gergindim, çünkü bayramlar dışında Dorothy'yle hiçbir iletişimimiz yoktu. O yüzden nasıl karşılanacağımı bilmiyordum. Sanırım sonunda yine 'yanlış' yaptığımı görmekten korkuyordum. Ama öyle olmadı. Dorothy aradığım için çok mutlu oldu. Bir süre kocalarımızdan ve çocuklarımızdan bahsettikten sonra ona gruptan söz ettim. Sesi ilgili geliyordu. O zaman rollerle ilgili seansımızı anlattım ve annemin bizi rollere hapsedip hapsetmediği konusunda ne düşündüğünü sordum.

Başta 'Sanmıyorum' dedi ama sonra çocukluğundan bahsettikçe hep örnek çocuk olmanın baskısını hissettiğini kabul etti.

Sonra inanılmaz bir şey söyledi. Bazı zamanlar annemin bizi bilerek ayırdığını düşünmüş ve eğer bana yaklaşırsa annemin onu daha az seveceğinden korkmuştu. Çünkü o her zaman özel olandı, bense hep eleştirilen."

Duyduklarımız sindirebilmek için birkaç saniye duraksadık. Birisi "Bunları duymak sizin için çok sarsıcı olmalı" dedi.

"Bir bakıma evet, ama sanki bunu hep biliyordum" diye devam etti. "Tuhaf olan ona kızmamış olmamdı. Onun için üzüldüm. Ona 'Bir çocuk için böyle bir yükü taşımak korkunç bir şey olmalı' dedim. Birden ağlamaya başladı.

Kız kardeşimi ilk kez böyle âciz görüyordum. Onu rahatlatmak istedim ama bin mil uzaktaydı. 'Dorothy sana sarılıyorum' dedim. 'Telefonun ucundan sana sarılıyorum.'

Sonra o da bana yaşattığı acılar için ne kadar üzgün olduğunu anlattı. Onu aramamın onun için çok anlamlı olduğunu ve belki bunu yapmamış olsam birbirimize açılamadan ölüp gideceğimizi söyledi. Bu sefer ben ağlamaya başladım."

Birçoğumuz mendillerimize uzandık.

"Dorothy ve ben ne yapmaya karar verdik biliyor musunuz?" diye devam etti. "New York ve Chicago arasında bir otelde buluşacağız ve tüm hafta sonunu birlikte geçireceğiz. Sadece ikimiz; ne koca ne çocuk. Anlatacak çok şeyimiz var."

"Sizin için çok mutlu oldum" dedi bir adam. "Ama bir yandan da üzüldüm."

"Neden?" diye sordu Dorothy'nin kız kardeşi.

"Anne babaların kendi çocuklarını böyle ayırmaları üzücü. Babamın büyük ağabeyim Tom'u bizden uzak tutmasının ne kadar zor olduğunu hatırlıyorum."

"Bunu neden yaptı?"

"Yani... Uzun hikâye... Tom her zaman biraz asiydi, babam da katı bir Ortodoks'tu. Onların arasında çok şiddetli kavgalar olurdu. Tom 17 yaşındayken ipler koptu. Bir gün babamın dükkânından bir miktar para alıp kaçtı. Babam onu hiç affetmedi. Asla. Ve Tom'un eve dönmesine asla izin vermedi. Annem ona yalvardı. Ben de yalvardım ama umursamadı bile."

"Tom'u bir daha hiç görmediniz mi?"

"Bir kez. Sekiz sene sonra babam öldüğünde karısıyla birlikte cenazeye geldi ama ondan sonra çok az görüşebildik. Ben onu Şükran Günü'nde ve Noel'de davet etmek istiyorum ama küçük kardeşim Nick onunla görüşmek istemediğini söyleyerek karşı çıkıyor."

"Çok tuhaf" dedim. "Sanki babanızın yerini almış gibi."

"Evet. Nick beni çok zor durumda bırakıyor. Arada kaldım. Önümüzdeki hafta en küçük oğlum vaftiz edilecek, Tom'un da orada olmasını istiyorum. Yaptığı şeyin yanlış olduğunu biliyorum ama bu durum farklı bir şekilde çözülebilirdi. Aileden dışlanmasına gerek yoktu. Görüşmedik de ne oldu? Çocuklarımın hiç tanımadıkları bir amcaları, hiç görmedikleri kuzenleri var. Ben de yeğenlerimi tanımıyorum."

Dorothy'nin kardeşi yumuşak bir sesle "Ne yapacaksınız?" diye sordu.

Uzun bir sessizlik oldu. "Nick'le yeniden konuşacağım. Bir kardeşimiz var ve onu aramıza almalı, ona sevgi göstermeliyiz. Bunun dışında her şey yanlış olur. Oğlumun vaftizinde tüm kardeşlerimi yanımda istiyorum. Yeniden tam bir aile olmamızı istiyorum."

"Ah, sizin için bunu ne kadar isterim" dedi bir başka kadın. "Yeniden bütün bir aile olabilme ihtimali bile harika bir şey olmalı."

Kadının bu yorumu yapmasına şaşırdım. Sonra onun ilk seansımızda duygusal sorunları olan kız kardeşinden bahsettiğini hatırladım.

"Kardeşimle görüşmemin imkânı yok. Onunla en son konuştuğumda beni arkadaşlarıyla onun arkasından dedikodu yapmakla suçladı. Benim esas konuşmak istediğim kişi annem. Bu ders pek çok konuda gözlerimi açtı. Son dersimizden sonra kendi kendime 'Bu yapacağım son şey bile olsa annemin neler hissettiğimi öğrenmesi gerekiyor' dedim.

"Peki onu arayacak mısınız?" diye sordu birisi kararsız bir sesle.

"Aradım bile" diye cevap verdi kadın.

"Peki anneniz sizi gerçekten dinledi mi?"

"Yani, onun için pek kolay olmadı."

"Ona ne söylediniz?"

Kadın tereddüt ederek huzursuz bir ifadeyle bana baktı.

"Bunun hakkında konuşmak istemiyor olabilirsiniz" dedim.

"Ah, bilmiyorum, sanırım sorun değil" dedi ve bir an gözlerini kapatarak sahneyi gözünün önünde canlandırmaya çalıştı.

"Kısaca anneme Lynn'in duygularının eve hâkim olmasına neden olduğu için ona ne kadar kızgın olduğumu söyledim. 'Kafanı öyle Lynn'e takmıştın ki beni hiç görmedin. Beni tanımaya çalışmadın, bu hiç umurunda olmadı. Ve ben hiç gerçekten sevildiğimi hissetmedim" dedim.

Öyle derin bir sessizlik oldu ki iğne düşse sesi duyulabilirdi. "Buna karşılık anneniz ne söyledi?" diye sordu birisi.

"Saçmaladığımı, zaten benim mükemmel çocuk olduğumu ve herkesin beni sevdiğini söyledi. 'Görüyor musun? Zaten bundan bahsediyorum, yine aynı şeyi yapıyorsun, beni gerçek olmayan bir role hapsediyorsun' dedim. Annem beni görmezden geldi ve senelerce sorunlu bir çocukla uğraşmanın ne kadar zor olduğunu anlatmaya devam etti. Bütün o doktorlar, deli deli hareketler, bir an huzur bulamayışı... En baştan 'Lynn şunu yaptı, Lynn bunu yaptı' diye anlatmaya başladı. Bunu çok fazla dinlemiştim. Bitirmesini bekleyemedim. 'Anne senden çok zor bir şey isteyeceğim: *Beni dinle. Sadece dinle.* Daha fazla açıklama yapma. *Benim* yıllar boyunca neler hissettiğimi anlamaya çalışmanı istiyorum.'

Bana dik dik baktı ve 'Tamam tamam devam et' dedi.

Ve her şey içimden aktı. Beni bir fazilet timsali haline getirmeye çalıştığı tüm o zamanları hatırladım.

'Neyse ki sen varsın', 'En azından senin kafanda bir sorun yok', 'Bir çocuğumun sorumluluk sahibi olması beni çok mutlu ediyor.' Ne zaman isyan etmeye kalksam başaramadım. Beşinci sınıfta okulu kırdığımda ya da misafirlere piyano çalmak istemediğimde olduğu gibi ve kim bilir daha kaç kez 'Bu sen değilsin tatlım' sözlerini duydum. Kendimi ne kadar görünmez hissedeceğimi anlatacak sayısız örnek var. Çoğu zaman kim olduğumu bilmememe şaşmamalı.

Sonra ona şöyle dedim: 'Bana bir kez olsun 'Her zaman bu kadar iyi olmana gerek yok, anneni memnun etmek için sürekli mükemmel olmak zorunda değilsin, insan bazen kötü, yaramaz, dikkatsiz ve düşüncesiz de olabilir, bu normal bir şeydir. Ne olursa olsun ben seni yine de hep çok severim' desen ne kadar anlamlı olurdu biliyor musun?'

Annemin gözlerinden yaşlar süzülüyordu ama durmadım, konuşmaya devam ettim. Sonunda bitirdiğimde 'Bilmiyordum... Ne diyeceğimi bilemiyorum' dedi.

'Hiçbir şey' dedim. 'Söylenecek hiçbir şey yok, sadece bilmeni istedim.'

Sonra içimde bir şey çözüldü. 'Bunca yıl Lynn'le uğraşmanın nasıl bir şey olduğunun farkındayım. Ne kadar zor olduğunu bilmiyorum sanma' dedim ve kollarımı boynuna doladım. Bir süre sarıldık. Aramızda bir duvarın yıkıldığını hissettim."

Hayranlıkla dinledim. Anlamak beraberinde hızla affetmeyi getiriyordu. Tüm o acı duygulardan kurtulmak büyük bir rahatlamayı beraberinde getiriyordu. Annesi sadece dinleyerek ona ne büyük bir hediye vermişti.

"Ben anneme asla böyle bir şey söyleyemem" dedi başka bir kadın. "Annem duygularımı asla umursamaz. Kendi duygularını bile umursamaz. Neden denedim bilmiyorum, ama çocukken erkek kardeşimin evin prensi olduğunu ve ona kızmaya asla hakkım olmadığını söylediğini, bunun beni ne kadar incittiğini geçenlerde söyledim ona.

Ne dedi biliyor musunuz? 'Senin derdin hep sorunları görmek ve her şeyin mükemmel olmasını istemek.'

Ben de dedim ki 'İnsanın incindiğini söylemesinde ne var? Sen ayak parmağını yatağa çarptığında 'Of çok acıdı' demez misin?'

'Hayır, sadece geçer gider, 'ne aptalcaydı' der ve unuturum' dedi. Annemin olaylara bakışı böyledir. Ondan beni anlamasını nasıl bekleyebilirim ki?

Annem öyle yoğun ki bazen onu sarstığımı hissediyorum. Her zaman kardeşler olarak bizim yakın olmamızı çok istediğini söylüyor ama yaptığı her şey bizi birbirimizden daha çok uzaklaştırıyor. Beni hiç aramayan erkek kardeşimin kısa bir süre önce ilk bebeği oldu ve bir şeyler sormak için beni aramaya başladı. Artık normal insanlar gibi konuşuyoruz. Belki bizim için hâlâ umut var. Ama yemin ederim, günün birinde iyi dost olursak bu annem sayesinde değil ona rağmen olacak. İyi niyetli olduğunu biliyorum, hassas olduğu için de onu suçlayamıyorum."

"Bilmiyorum" dedi başka bir adam. O zamana kadar bir tek o konuşmamıştı. "Annem ve babam ikisi de çok hassas insanlardı ama sizi temin ederim ki hassas insanlar da gayet sert şeylerin olmasına izin verebiliyorlar."

Gözler ona döndü.

"Sanırım bir kez anlatmıştım" diye açıkladı. "Beni sürekli döven ikiz kardeşim vardı ve onu durdurmak için hiçbir şey yapmıyorlardı."

"Bu korkunç" dedi birisi. "Neden?"

"Bilmiyorum, belki erkek çocukların biraz düşüp kalkmaya ihtiyaçları olduğunu düşünüyorlardı. Belki ikiz olduğumuz için aramızda doğal bir eşitlik olduğunu ve birbirimizi incitmeyeceğimizi düşünüyorlardı. Ne düşündüklerini bilmiyorum. Tek bildiğim 5 yaşındayken tek koruyucu olarak anne babanızı görüyorsunuz, ama onlar da başka tarafa bakıyorlar; bu çok korkutucu değil mi? Sadece buna katlanmak zorunda olduğunuzu düşünüyorsunuz."

"Buna dayandığınıza göre güçlü bir çocuktunuz herhalde" dedim.

"Güçlüydüm ama Eric çok daha güçlüydü. Ve daha iriydi. Benden beş dakika önce doğmuştu ve doğum kilosu benimkinin iki katıydı."

"Yani en başından itibaren dezavantajlıydınız."

"Bu doğru. Ama küçükken onunla mücadele ediyordum. Benden daha iri olması umurumda değildi. Onunla yine de dövüşüyordum. Gelip televizyonda izlediğim kanalı değiştiriyordu, çünkü başka bir şey izlemek istiyordu. Beni itip kakmasına izin veremezdim. Ben de onun üstüne gidiyordum. Sonra o üstüme atlıyor ve gerçekten canımı yakana kadar beni yumrukluyordu. Ama bir noktadan sonra –ki bu biraz zaman aldı– şöyle olmaya başladı: O gelip kanalı değiştiriyordu ben de kalkıp gidiyordum."

"Anne babanızın buna nasıl izin verdiğini hâlâ aklım almıyor!" dedi bir kadın.

"Aslında annem bazen beni korumaya çalışırdı. Eric'e bağırır ve beni alıp odasına götürürdü. Ama çoğunlukla bunu aramızda halletmemiz gerektiğini söylerdi. Bir gün bir kum torbası aldı ve Eric'e şöyle dedi: 'İçinden kardeşine vurmak gelirse onun yerine buna vur.'

Bunu hiç unutmam, çünkü o şey gelince Eric önce bana sonra ona sonra yine bana vuruyordu. Yani işe yaramamıştı."

"Ya ergenlik çağınızda?" diye sordu birisi.

"Eric tam anlamıyla bir sporcu oldu. Hokey, futbol, Amerikan futbolu. Öldürmek ve yok etmek için dövüşüyordu sanki. Ne kadar iyi dayak atarsa o kadar mutlu oluyordu. Ben spordan uzak durdum. Lisede fazla bir şeye bulaşmadım. Sosyal biri olmaya çalıştım. Beni güvenli arkadaş çevremden uzaklaştıracak her şeyden kaçındım."

"Büyüdüğünüzde hiçbir şey değişmedi mi?"

"Pek sayılmaz. Fiziksel saldırılar sözlü saldırılara dönüştü. Bizim ailede akşam yemeğinde sohbet etmek önemliydi. Eric her zaman her şeyle ilgili konuşurdu. Kitaplar, spor, politika... Ben bir şey söylemeye kalktığımda 'Çok aptalca' diyerek beni sustururdu. Annem ve babam onun anlattıklarını öyle büyük bir hayranlıkla dinlerlerdi ki bunu fark etmezlerdi bile. Bir süre sonra ben de onların sohbetlerini dinleyip dalga geçmeye başladım. Keskin, alaycı bir dil geliştirdim. Bu benim Eric'e karşı tek silahımdı. Ve bunu kullandım. Tüm zayıf noktalarını biliyordum."

"Bunun için kimse sizi suçlayamaz" dedi bir adam. "Ondan intikam almanın bir yolunu bulmalıydınız."

Kaşlarını kaldırdı ve arkasına yaslandı. Tüm tavrı değişti. "Önceden olsa sizin gibi düşünürdüm ama çok çılgınca bir şey oldu. Geçen ay tüm seanslar bittiğinde, Eric'i görmekten kaçındığım bunca seneden sonra onu aramak için içimde inanılmaz bir istek oluştu ve onu aradım. Öğle yemeği için buluştuk ama üç saat boyunca konuştuk."

Herkes meraklandı. "Ne konuştunuz?", "Onunla yüzleştiniz mi?", "Hayatınızı nasıl mahvettiğini anlattınız mı?"

"Asıl o benim onun hayatını nasıl mahvettiğimi anlatmak istiyordu."

Herkes şaşkınlıkla bakakaldı.

"Eric'e göre ben ailenin favori çocuğuydum ve bunun için beni asla affedememişti. Annemle aramızda doğal bir bağ olduğunu düşünüyordu, annemle onun kimyasının ise hiç uyuşmadığını... Annemin sürekli ona kızgın olduğunu, daima beni korumakla meşgul olduğu için ona hiç anlayış göstermediğini söyledi.

Ayrıca en başından beri insanların beni dikkat çekici bulduğunu söyledi. 'Öyle minik ve hatların öyle mükemmeldi ki sanki sen sevimli bir kedi yavrusuydun, bense koca bir şapşaldım. Herkes beni görmezden gelir, seni kucağına alırdı' dedi.

Ardından anaokulundan itibaren kendini ne kadar dışlanmış, çekingen ve tuhaf hissettiğini anlattı. Lisede bu durum daha da kötüleşmişti. Ona göre ben 'Bay Popüler'dim. Eve her zaman arkadaşlarımla geliyordum, onunsa kimsesi yoktu.

Ona hem entelektüel olarak hem de sporcu olarak evde bütün övgüleri kendisinin aldığını hatırlattım. 'Övgünün hiçbir değeri yoktu. Sende sevgi vardı' dedi.

Ona 'Bu yüzden mi beni dövüyordun?' diye sordum.

'Aynen öyle. Kızgınlık ve tatminsizlik yüzünden... Sen de benim günah keçimdin' dedi.

Ona 'Beni sürekli dövdüğün için annem sana bu kadar kızgın olmasaydı acaba sana daha mı az öfkelenirdi?' diye sordum.

'Muhtemelen' dedi. Sonra bana 'Annemle aram iyi olsaydı kıskanır mıydın?' diye sordu.

'Belki' diye cevap verdim. 'Ama buna değerdi, çünkü o zaman bana bu kadar kızgın olmazdın.'

Sonra ikimizin de ne kadar acı çektiğini, birbirimizi nasıl aşağıya çektiğimizi, onun bana saldırmasının benim de ondan intikam alma yönteminin ikimize de ne kadar zarar verdiğini fark ettik.

Ayrıldığımızda, ikimizde de kendimizi bir bütünlük hissi vardı. Sanki kayıp parçamızı bulmuştuk. Ve ikimiz de iyi hissediyorduk. İkimizden biri şeytan değildi. O iyi bir adamdı, ben de iyi bir adamdım. Sadece kardeş olmanın getirdiği tatminsizliklerle boğuşmuş iki iyi adamdık. Ve elinden geleni yapmaya çalışmış bir anne babamız vardı."

* * *

Süremiz dolmuştu. Her şeyi anlatmıştık. Duygusal olarak herkes içini boşaltmıştı. Hiçbirimizde konuşacak bir şey kalmamıştı. Ayrılırken herkes sessizce birbirine sımsıkı sarıldı.

İlk kez eve dönüş yolunun uzun oluşu ve arabanın sessizliği için şükrettim. Düşünecek çok şey vardı.

Kardeş olmanın böylesine acı verecek kadar güçlü bir dinamik oluşu karşısında dehşete düşmüştüm; tıpkı kardeşler arasındaki onları yeniden bir araya getiren ve birbirlerini iyileştirmelerini sağlayan neredeyse manyetik diyebileceğim bu çekim karşısında dehşete düştüğüm gibi...

Öğrettiğim becerilere duyduğum güvenin güçlendiğini hissettim. Bu akşamki seansta sözü edilen olayların hepsi bu becerileri edinmiş yetişkinler tarafından alt edilmişti.

"Bir hayal et" dedim kendi kendime, "kardeşlerin, birbirlerini incitmelerine izin verilmeyen, çocukların öfkelerini ifade ettiği, her çocuğa bir birey olarak değer verilen, rekabetin değil işbirliğinin normal kabul edildiği, kimsenin bir role hapsedilmediği, çocukların günlük sorunlarını çözme becerisi kazandığı evlerde büyüdüğünü hayal et..."

O zaman bu çocuklar geleceği nasıl şekillendirirdi? Nasıl bir gelecek olurdu? Bu evlerde büyüyen çocuklar geleceğin sorunlarını nasıl çözeceklerini bilir, bunu sağlayacak beceriye ve azme sahip olurlardı. Küresel ailemizi kurtarırlardı.

Yağmur yağmaya başladı. Silecekleri çalıştırdım ve radyoyu açtım.

Tatsızdı. Sanki grupta dinlediğimiz hikâyelerin daha kapsamlısıydı. Toprak mücadelesi, inanç mücadelesi, olamayanların olanları kıskanması, büyüklerin küçükleri ezmesi, küçüklerin şikâyetlerini BM'ye sunması, bombalar ve hakaretlerle oynanan acı ve güvensizlik dolu karmaşık hikâyeler...

Ama bu gece hiçbiri beni alt edemeyecekti. Bu gece umut doluydum. Onca acı ve rekabet hikâyesinden sonra kardeşler arasındaki barışma dürtüsünün ne kadar güçlü olduğunu görmüştüm. Öyleyse başka türlü bir dünyayı hayal etmemem için bir neden yoktu. Tüm ulusların kardeşleri onları ayıran sorunları çözebilir, birbirlerine el uzatabilir ve içinde bir kardeşin diğerine duyduğu sevgiyi ve bağı keşfedebilirdi.

Radyoyu kapattım. Yağmur hafiflemeye başladı.

Birden her şey bana olabilirmiş gibi geldi.

Sonsöz

Sevgili Okur,

Kardeş Rekabeti kitabı yayımlandıktan bir ay sonra *New York Times*'ın çok satanlar listesinin tepesine tırmanınca kendimizi birden "kardeş uzmanları" olarak bulduk. Herkes bizimle konuşmak istiyordu. Belli ki anlattığımız konu pek çok insanın hayatının merkezindeydi ve bize kendi kardeşleriyle olan meselelerini anlatmak istiyorlardı. Genç, yaşlı pek çok kardeş radyo programlarımıza bağlandı, televizyon şovlarında karşımıza çıktı, konferanslarımıza geldi, atölye çalışmalarımızda içini döktü, bize kendi acı ve pişmanlıklarını anlatan uzun, dokunaklı mektuplar yazdı.

Dinledik ve öğrendik. Belli ki söylenecek daha çok şey vardı. Editörümüz bize "Yeni baskıda kitaba daha çok malzeme eklemek ister misiniz?" diye sorduğunda bir an bile tereddüt etmedik. Bu bizim için altın değerinde bir fırsattı.

Küçük çocukların anne babalarına daha çok yardımcı olabilirdik. Çalışan anne babaların baş başa uzun saatler geçirmek zorunda kalan daha büyük yaştaki çocuklarına faydamız dokunabilirdi. Kardeşler arasında güzel duyguları ve saygılı davranışları cesaretlendirmek için yeni yöntemler arayan tüm anne babalara destek olabilirdik.

Kardeş Rekabeti kitabının bu son sözünün evinize biraz daha ahenk katması dileğiyle...

Adele Faber ve
Elaine Mazlish

İlk geribildirimler

Kardeş Rekabeti kitabının tanıtım turu sürecinde katıldığımız radyo programlarında, kardeşlerin birbirlerinin hayatında ne kadar güçlü bir etkisi olduğunu yeniden tecrübe etmiş olduk. Radyonun getirdiği kimliğini gizleme imkânı ve kimseye görünmeden telefonda konuşabilmenin etkisi insanların en kişisel duygularını açığa çıkarmasına izin veriyordu. İşte dinlediklerimizden seçtiklerimiz:

İkinci çocuk yapmamaya karar verdim, çünkü ablamın benim yüzümden ne kadar acı çektiğini biliyorum. Aile içindeki ve dışındaki herkes, her zaman benim ne kadar güzel ve yetenekli olduğumu söyleyip onu görmezden gelirdi. Kendi çocuklarımdan hiçbirinin ablamın çektiği gibi acı çekmesini istemem.

* * *

Erkek kardeşimle hiçbir zaman yakın olamadım. Belki yetiştirilme tarzımız yüzünden. Babam futbol antrenörüydü ve ailedeki her şeyi rekabete dönüştürürdü. Her zaman diğerini yenmek zorundaydın. Erkek kardeşim bu anlayışı benimsedi. Bugün bile onu ne zaman arasam "Merhaba Joe nasılsın?" ya da "Kendini nasıl hissediyorsun?" gibi bir şey söylemez. Ağzından çıkan ilk söz "Bugün yeni bir araba aldım" ya da o tarz bir şey olur. Hâlâ benden üstün olmanın peşinde...

* * *

Ben, yaşları birbirine yakın olan üç kız kardeşten biriyim. Anneme tekrar tekrar "En çok hangimizi seviyorsun?" diye sorardım. Onun cevabı ise hiç değişmezdi. "Hepinizi aynı seviyorum. Siz üç küçük ayıcıksınız." Bu beni gerçekten de incitiyordu. Annemin gözünde özel biri değildim. Sadece üç ayıcıktan biri olduğunuzu düşününce çıkıp dış dünyayla yüzleşmek pek kolay olmuyor.

* * *

Babam her çocuğunun kendisini özel hissetmesini isterdi. Bana "Sen zekisin" derdi. Sonra dersleri o kadar iyi olmayan erkek kardeşime "Ama senin insanlarla aran iyi" derdi. Bu sözleri kayıtsız şartsız kabul ettim. Sosyal ortamlardan kaçtım. Ama kısa bir süre önce –ki otuzlu yaşlarımdayım– babamın yanılmış olabileceği düşüncesine kapıldım. Sonuçta pek çok insan benden hoşlanıyor gibi görünüyordu.

Her neyse kitabınızı okuduktan sonra erkek kardeşimi ve babamın sözlerinin onu nasıl etkilemiş olabileceğini düşündüm. Acaba bu yüzden mi okulu bırakmıştı ve bana karşı hep öfkeliydi. Buna gerçekten canım sıkıldı.

Babam, aynı özellikler hem kardeşimde hem de bende olamazmış gibi yeteneklerimizi neden ayırmıştı? İki çocuğunun da zeki ve aynı zamanda sosyal olabileceğini neden söylememişti? Eğer söyleseydi bu bizim için çok anlamlı olurdu.

* * *

Beni ailem kitabınızda tavsiye ettiğiniz her şeyin tam tersini yaparak büyüttü. Geçenlerde 41 yaşında ve "iyi kız" olduğum için hâlâ öfkeli olan kız kardeşime "Anne babamızın yaptığı saçmalıkların bizim ilişkimizi sonsuza dek mahvetmesine izin vermeyelim. Senin çok güzel bir insan olduğunu biliyorum. Gerçekten. Ve sana ihtiyacım var" dedim.

* * *

Kardeşleriyle ne kadar mutsuz bir ilişkileri olduğunu söylemek için arayan çocuklar bile oldu.

Bir kız, erkek kardeşinin hep onu kışkırttığını sonunda ceza alanın kendisi olduğunu söyledi. Başka bir kız "kötü" ablasının güya ona bakıcılık etmesi gerekirken anne babası evden çıktıktan sonra onu evden attığını, onlar gelmeden biraz önce de içeri aldığını anlattı.

10 yaşındaki bir erkek çocuk "Ben ve erkek kardeşim her zaman tartışıyoruz. Öyle çok kavga ediyoruz ki bizi bir gece arabaya kapatsanız ve sabah kapıyı açsanız ikimizi de ölmüş bulabilirsiniz. Kitabınız sadece büyükler için mi yoksa çocuklar da okuyabilir mi?" diye sordu.

* * *

Tanıtım turumuzdan döndüğümüzde posta kutumuzun okur mektuplarıyla dolu olduğunu fark ettik. İşte bu mektuplardan ve sonraki yıllarda gelen bazılarından bölümler:

Kardeş Rekabeti kitabınızı okumak için sabaha kadar uyumadım. Sabah saat altı buçuk... Hâlâ uyanığım ve yeni becerilerimi okula gitmeye hazırlanan kızlarımda kullanıyorum. Bir günde neler değişiyor. Daha dün 9 yaşındaki kızım masada kardeşinin "çirkin suratını" görmemek için kahvaltı yapmadı. Onu okul servisine kadar neredeyse kucağımda götürdüm. 3 yaşındaki kızım ise her sabah yaptığı gibi mızırdanıp çığlıklar attı, ablası gibi şikâyet edip durdu.

Bu sabah büyük kızımdan ilk şikâyeti duyduğumda ("Anne, dans dersi öğleden sonra ama Sally şimdiden dans ayakkabılarını giymiş") "Sally'nin ne yaptığıyla ilgilenmiyorum, ama seninle sohbet etmek çok hoşuma gider" dedim. Kızım şaşırıp kaldı. Yeni becerilerimden birkaçını daha kullandım ve ne olduğunu anlamadan iki kızımı da keyifle kahvaltı ederken buldum. Bana saçlarını güzelce tarattılar ve giderken birbirlerine el salladılar.

Ama şunun için şaşkınım: Anaokuluna giderken 3 yaşındaki kızım "Anne bugün daha fazla iyi olmak istemiyorum. Şimdi kızgın olabilir miyim?" diye sordu.

* * *

Bazıları kitabı bitirmeyi bile beklememişti. Bu mektup, henüz sadece ilk bölümü bitirmiş bir anneden geldi:

Geçen hafta hayatımın en kötü haftasıydı. Büyük kızım Ashley (6) küçük kardeşi Loren'dan (4) nefret ettiğini söyledi. "Ama Melissa'yı (henüz bebek) seviyorum, o benim eşyalarımı almıyor" dedi.

Yıkılmıştım. Çocuklarım birbirinden nefret ediyordu. Bununla nasıl başa çıkabilirdim? Öyle endişelenmiştim ki kitaplığa gidip henüz okumadığım *Kardeş Rekabeti* kitabına başladım. Cuma günüydü. Korkunç bir haftanın sonuydu. Cumartesi sabahı henüz ilk bölümü yeni okumuşken Ashley ağlayarak geldi, "Loren tebeşirimi kırdı. Artık onu kullanamıyorum!" dedi.

BEN: Ah...

ASHLEY: Onu üç parçaya ayırdı. Her zaman benim eşyalarıma zarar veriyor.

BEN: Ah Ashley, ne kadar üzgün ve sinirli olduğunu görebiliyorum. (*Burada durdum, çünkü henüz tek öğrendiğim buydu ve sonrasında ne yapacağımı bilmiyordum.*)

ASHLEY: Bir fikrim var: Eski tebeşir setimi hatırlıyor musun? Neden onu Loren'a vermiyoruz. Böylece kendi tebeşirleri olur.

BEN: (*Hayret ederek*) Bu fikri sevdim. Haydi yapalım!

Teşekkürler Adele ve Elaine. Artık kendime daha çok güveniyorum ve kitabın geri kalanını okumak için sabırsızlanıyorum.

Biz ortaya çıkardığımız eserin gücü ve açıklığı için kendimizi tebrik ederken şu mektup geldi:

Sevgili Bayan Faber ve Bayan Mazlish,

"Bana kardeş rekabeti konusunda verebileceğiniz başka bilgi var mı?" diye soracaktım. *Kardeş Rekabeti* kitabını yeni okudum. 7 ve 10 yaşlarında iki kızım var. Beni deli ediyorlar. Ne yaparsam yapayım kedi köpek gibi kavga etmelerine engel olamıyorum. Bir gün öyle sinirlendim ki "Sokak köpeği gibi kavga ediyorsunuz. Çıkın da çöpleri karıştırıp kendinize akşam yemeği bulun" dedim. Bunu söylediğime inanamıyorum. Lütfen yardım edin.

Bu bizim moralimizi bozdu. Herkesin çocuklarının sorunlarını çözebileceğimiz hayaline kapılmıştık. Ardından şu mektup bizi kendimize getirdi.

Bunun ne kadar muhteşem bir kitap olduğunu bilmenizi istiyorum. İşlerin olabilecek en kötü şekilde yürüdüğü bir ailede büyüdüm. Bütün cevapları verdiğini iddia ediyor gibi görünen kitapları hep küçümserim. Bunların gerçek hayatta uygulanamayacağını düşünürüm. Oysa sizin kitabınız benim için son derece faydalı oldu. Bu kitabı yazdığınız için teşekkür ederim.

Bazı anne babalar kitabımızın onlara ilham verdiğini söylediler:

Üç oğlum da her zaman "Birinci olmak istiyorum" der ve olamayınca da ağlamaya başlar. Her konuda durum aynı... Arabaya ilk kim binecek? Kurabiyeyi ilk kim alacak? İyi geceler öpücüğünü ilk kim verecek?..

Kısa bir süre önce buna verecek güzel bir cevap buldum: ikinci olana "İkincillikte birinci oldun" diyorum. İşe yaradı. İkinci olan "Birinci ikinci benim" diyor. Ama asıl önemlisi her birinin benim için birinci olduğunu anlaması.

6 ve 8 yaşlarında iki çocuğu olan bir anne şöyle yazdı:

Kitabınızdaki yöntemler iki kızımda da mucize gibi işe yarıyor. İkisinin de aynı anda aynı şeyi istediği zamanlar hariç. O zaman sanki kendilerini kaybediyorlar. Ne söylesem işe yaramıyor. Kendilerini kavgaya öyle kaptırıyorlar ki beni duymuyorlar bile.

Yeni keşfim şu: Onları durdurmanın tek yolu kavga ettikleri şeyi ellerinden almak... Bunu ceza gibi göstermek yerine onları yapılması gereken şeye yönlendirmek. "Pekâlâ. Şu anda ikiniz de bunu almıyorsunuz. Siz, kavga etmeden bunu nasıl paylaşacağınıza dair bir plan yapana kadar güvende olması için bu rafa kaldırıyorum. Hazır olduğunuzda hemen haber verin de rafatan indireyim."

Bunu ilk yaptığımda ikisi de önce bana geldiler, "Peki anne önce ben alayım, Angie de beş dakika sonra alsın" dedi biri. "Bunu Angie'yle konuşmalısın" dedim ve onları sorunları birbirleriyle halletmeleri için yönlendirdim. Şimdiye kadar pazarlıkları gayet iyi gitti.

Not: Hâlâ bir sonraki aşamaya nasıl geçeceğimi tam olarak çözebilmiş değilim. Yani işin başından itibaren beni hiç karıştırmadan sorunu kendilerinin nasıl halledebileceğini... Onlara bir daha aynı şey olduğunda paylaşamadıkları eşyayı evde tarafsız bir yere koymalarını ve ne yapacaklarına öyle karar vermelerini önereceğim. Sonucu size haber veririm.

Kardeş Rekabeti kitabı otuzdan fazla dile çevrildiği için yurtdışından da pek çok mektup aldık. Bu mektup Fransa'dan geldi:

Pek çok kişi gibi ben de kardeş kıskançlığıyla başa çıkabileceğimi düşünüyordum. Ama hamileliğimin başından itibaren Claude bebeği istemedi. Bize neden bebek yaptığımızı sorup durdu. Biz de ona "Baban ve ben seni çok sevdiğimiz için bir bebek daha istedik" dedik. (Bu cevaba bayılmış olmalı!) Sonunda ona gerçeği söyledim. "Aslında bu bebeği istememiştim, keşke olmasaydı." Claude bana bir daha bu soruyu sormadı.

Marie doğduğunda Claude sadece 3 yaşındaydı. Tüm hamileliğim boyunca "Bebeği çöpe at" dedi. Sonra onun çöp kamyonunda "ezilmesini" istemeye başladı. Bazen de onu dışarı atmamızı, yağmurun onu Avusturalya'ya kadar götüreceğini söyleyip durdu. Bütün bunları dinleyerek başımı salladım. Arkadaşlarım dehşete düşüyordu ama ben dinlemenin kıskançlığı azaltacağını düşünüyordum. İşe yaramadı. İkisi de büyüdükçe (şu anda biri 6 diğeri 3 yaşında) Marie güzel, tatlı ve dışadönük bir çocuk oldu. Son derece içedönük ve çekingen olan, arkadaş edinmekte zorlanan Claude'un tam tersi. Her şey daha da kötüye gitti. En nefret ettiğim şey Claude'un sürekli kardeşinin canını sıkmaya çalışması. Bu gerçekten beni deli ediyor.

Claude'a onu da Marie'yi sevdiğim kadar sevdiğimi söyledim ama bu onu tatmin etmedi. Bir annenin sevgisinin gitgide arttığını söylediğimde kendine ne kadar sevgi düştüğünü hesaplamaya girişti. Marie benimle daha çok zaman geçiriyordu, daha çok kucağımdaydı, babasıyla da daha çok vakit geçiriyordu. Ona hayatta her şeyin eşit olmadığını söylemeye çalışmam da hiçbir şeyi çözmedi.

Dün bir arkadaşım bana *Kardeş Rekabeti* kitabını verdi. Kitabı öğleden sonra bitirdim, böylece hem akşam hem de ertesi sabah öğrendiklerimi uygulayabildim. Sonuç inanılmazdı! Bu sabah sadece bir kez kavga çıktı –ki bu bizim evde mucize demek– ve bu kavgayı ikisinin de tatmin olacağı şekilde çözmeyi başardılar. Ayrıca tüm şikâyetlerini ve birbirleri hakkında hoşlarına giden şeyleri yazdım. Çok başarılı oldu. Marie, Claude'un ona kitap okumasını sevdiğini söyledikten sonra Claude oturup ona altı kitap okudu!

Birkaç ay sonra aynı anneden bir mektup daha geldi.

Evim bambaşka bir yere dönüştü! Artık ne zaman Marie'nin ağladığını duysam Claude "Ağlama Marie ağlama, öyle yapmak istemedim. Haydi, bir çözüm bulalım" diyor. Artık Marie'nin daha çok kucakta durduğu ya da daha çok kıyafeti olduğu konusunda hiçbir şikâyet duymuyorum. Birbirleri hakkında sevdikleri ve sevmedikleri şeylerin listesini çıkardıktan bir hafta sonra listeyi yeniden gözden geçirdik. Marie'nin ilk yorumu "Claude'u seviyorum, bana iyi davranıyor" oldu. Bunun Claude üstündeki etkisi inanılmazdı. Onun yeni davranışlarını destekleyecek bundan daha mükemmel bir şey olamazdı.

İşte başka bir örnek:

Bir ay önce Marie dolaba gitmeye korktuğunu söyledi. Çünkü Claude orada kurt olduğunu söylemişti. Tam "Claude neden böyle aptalca bir şey söyleyip kardeşini korkutuyorsun?" diyecektim ki kendime engel olup "Adele ve Elaine ne derdi?" diye düşündüm. Ardından Claude'a "Dolaba gidip kurdu oradan çıkartır mısın lütfen?" dedim. Hemen gitti. Geri geldiğinde Marie'ye kurdu öldürüp yediğini söyledi. Bu Marie'yi sakinleştirmişe benziyordu. Daha sonra Claude, Marie'nin oraya gidip sürekli kıyafetlerini değiştirmesine (en sevdiği şey ve bu beni de deli ediyor) engel olmak için bu yalanı uydurduğunu itiraf etti.

Size ne kadar teşekkür etsem az.

I. Küçük rakiplerle başa çıkmak

İyi bir başlangıç yapmak

Kitabımız yayımlanmadan önce anne babalarla yaptığımız atölye çalışmalarında, üstünde durduğumuz en önemli konulardan biri kardeşler arasında ilk yıllarda oluşan sorunlarla nasıl başa çıkılacağıydı. İşte gruplarımızdaki anne babalardan gelen çok değerli bulduğumuz gözlem ve öneriler:

> Bana öyle geliyor ki söz ettiğiniz yöntemler çocuklar arasında genel anlamda olumlu bir ilişki varsa daha kolay işe yarıyor. Ama birbirlerini gerçek bir düşman ya da baş belası olarak görüyorlarsa bu tekniklere cevap verme konusunda pek istekli davranmıyorlar.
>
> Eğer baba "Az önce böyle sıkı sarılman bebeğin canını yaktı" derse, kardeşi bundan gizli bir zevk alıyor. O yüzden bence önemli olan en başından itibaren aralarında iyi duygular oluşması için elimizden geleni yapmak. Çocukların kavga anlarında zihinlerinde geriye dönmek isteyecekleri güzel anılar kalması için birlikte bol bol vakit geçirmeye ihtiyaçları var.

Bu fikri pek çok kişi başıyla onayladı ve bu amaca nasıl ulaşılacağına dair örnek verdi.

İkiniz de çok eğleniyordunuz

Çocuklar evin içinde deli gibi koşarken ve büyük olan yanlışlıkla küçüğün üstüne düştüğünde ve küçük ağlayarak "Tony beni düşürdü" diye yanıma geldiğinde şöyle diyorum: "Ah hayır! Bunun olmasını istemezdin. Halbuki ikiniz de çok eğleniyordunuz." Bu onların daha çabuk toparlanmasını sağlıyor ve iyi ilişkilerini hatırlatıyor.

Bugün oğlanların neler yaptığını dinle!

Bazen çocukların beni duyacağı şekilde onların birlikte yaptığı eğlenceli şeylerden söz ediyorum. Çocukların önünde kocama dönüp "Biliyor musun bugün Danny (4), Sam'e (2) ne öğretti? Taburenin üstünden koltuğa atlamayı." Bunu duyunca Danny kocaman gülümsüyor. "Ve

Sam'in aklına koltuğun altına girip kaplumbağa taklidi yapmak geldi." Bu kez Sam gülümsüyor.

Ablana sor, o bu işte iyi

2 yaşındaki kızım benden bir konuda yardım istediğinde onu bilerek ablasına yönlendiriyorum. "Melissa'dan yardım etmesini iste. O, boncuk dizme, düğüm atma ve bir şeyleri kesme işinde çok iyi" diyorum. Hemen yere oturup birlikte uğraşmaya başlıyorlar.

Böyle bir ağabeyin olduğu için çok şanslı bir kızsın

Ben bebekle tatlı bir sesle konuşurken ve ona ne kadar değerli olduğunu söylerken 3 yaşındaki oğlum odaya girip beni duyunca perişan oldu. Ben de hemen konuşmanın yönünü değiştirip oğlumdan bahsetmeye başladım. Tıpkı bebekle konuştuğum ses tonuyla "Kendi ayakkabılarını giyebilen, tuvaletini yapabilen, üç tekerlekli bisiklet sürebilen (ve aklıma daha ne geldiyse) bu kadar özel bir ağabeyin olduğu için çok şanslı bir bebeksin" dedim. David gururlu ve mutlu görünüyordu. Bense ikisine de aynı anda ihtiyaçları olan şeyi verebildiğim için kendimi çok akıllı hissettim.

Herkes için eğlenceli etkinlikler

Biri 20 aylık, diğeri 4 yaşında olan iki çocuğumun birlikte yapabileceği etkinlikler bulmaya çalışıyorum. Tracy balon üflüyor, Patty onları patlatıyor. Patty davulu çalarken, Tracy odada uygun adım yürüyor. Biri itfaiye kamyonuna oturuyor, diğeri onu itiyor. Biri kamyonu sürüyor, diğeri durmasını işaret eden trafik polisi oluyor. Hepsi işe yarıyor.

Bir ağlama sesi duydum

Ne zaman çocuklardan birinin yan odada çığlık attığını duysam hemen koşup küçüğün canını yaktığı için büyüğü suçluyordum. Bunun ilişkilerini olumsuz etkilediğini biliyordum, ama ağlama sesi duyunca dayanamıyordum. Kısa bir süre önce harika bir çözüm buldum: "Bir ağlama sesi duydum. Yardıma ihtiyacınız var mı, yoksa kendi başınıza halledebilir misiniz?" diye sesleniyorum. Bunu ilk yaptığımda önce uzun bir sessizlik oluyor, sonra büyük olan "Biz halledebiliriz" diyor. Artık ne zaman bu yöntemi kullansam, genellikle aynı cevabı veriyor ama aynı zamanda beni çağırıp sorunu anlatmaktan da çekinmiyor. Bu benim için hiç dert değil. İki oğlumun da ihtiyaç duyduklarında yardım istemelerinin doğru bir şey olduğunu bilmelerini istiyorum.

Siz harika bir takımsınız!

Bir şeyin hızla yapılmasını istediğimde 4 yaşındaki ikiz kızlarımı yarıştırırdım. "Kim ilkönce giyinecek?" ya da "Kim ilkönce oyuncaklarını kaldıracak?" diyerek onların harekete geçmelerini sağlardım. Evet, harekete geçiyorlardı ama sonuç korkunç oluyordu. Kazanan "Ha ha! Seni geçtim!" diye diğeriyle dalga geçiyordu. Kaybeden ağlıyor ve kardeşine kızıyordu.

Sonra *Kardeş Rekabeti* kitabında "Siz harika bir takımsınız" adlı bir öneri gördüm ve taktik değiştirmeye karar verdim. Artık ikisi birlikte zamana karşı yarışacaktı. "Sayacı beş dakikaya kuruyorum. Zil çalmadan çoraplarınızı ve ayakkabılarınızı giyebilir misiniz?" diyorum. Küçücük bir şey büyük fark yarattı. Şimdi kıkırdayarak zamana karşı kazanmak için birbirlerine yardım ediyorlar ve kazansalar da kaybetseler de "Siz harika bir takımsınız" diyorum. Bunu duyduklarında gözleri parlıyor.

Ve bu beni de çok iyi hissettiriyor. Çünkü anladım ki eğer bu yaşta bir takım gibi birlikte hareket etmeye alışırlarsa büyüdüklerinde nasıl işbirliği yapacaklarını bilirler.

Mülkiyet hakkı

Anne babaları en çok yoran şeylerden biri de küçük çocukların gündelik mülkiyet hakkı kavgalarıdır. Doktor, avukat, hatta kurum yöneticisi olan anne babalar bile "Benim!.. Hayır benim!.." savaşlarındaki karmaşa karşısında şaşkına dönerler. "Evet, biliyorum senin ama aylardır elini bile sürmüyorsun, ne olur kız kardeşin biraz oynasa?" cümlesi bir yetişkinin kulağına son derece mantıklı gelebilir ama öfkeli mal sahibini korkunç çığlıklar atmaya sevk eder. Sonra tersini denerler: "Of pekâlâ, kardeşinin oyuncağını geri ver, ne de olsa onun!" dediklerinde bu kez oyuncaktan mahrum bırakılan kardeşin çığlıkları başlar. Ve onca oyuncağı düşünecek olursak –toplar, bloklar, bebekler, kamyonlar– insan bu çığlıkların arasında büyükbabanın geçen Noel'de kime ne hediye verdiğini nasıl hatırlayabilir? Bu sorunları çözmek kolay değil. İşte grubumuzdaki anne babaların düşünce ve tecrübelerinden örnekler.

Mülkiyet politikası

En küçük şey için bile münakaşa edilen bir evde yaşamak istemiyorum. Bu yüzden eşyaların kullanımı hakkında genel bir kural belirlemenin önemli olduğunu düşünüyorum. Bunu 3 ve 4,5 yaşlarındaki çocuklarıma şöyle açıkladım: "Bu evdeki çoğu şey paylaşılabilir. Örneğin babanız kendisine yeni bir tornavida seti aldı ama eğer buna benim ihtiyacım olursa babanız 'Hayır, kullanamazsın. O benim!' demez. Ben de kendime yeni bir blender alsam ve babanız onu kullanmak isterse benim için sorun yok. Asla 'Ona sakın elini süreyim deme! O benim!' demem. Yani genel anlamda evdeki eşyalar onları isteyen ya da ihtiyacı olan herkes tarafından kullanılabilir."

Ama onlara bazı eşyaların çok özel, çok yeni ve çok hassas olabileceğini de açıkladım. "Mesela babanıza doğum gününde alınan kamera ya da benim yeni gitarım... Bunlar herkesin paylaşması için uygun olmayan özel eşyalardır. Birinin özel bir şeyini kullanmak isterseniz ondan izin almak zorundasınız. Yani eğer kimsenin dokunmasını istemediğiniz oyuncaklarınız varsa bunların neler olduğu konusunda birbirinizi bilgilendirebilir ve onları uygun bir yere kaldırabilirsiniz. Buna saygı duyarız."

Özel mülkiyet tabelası

Bizim evde her kızın özel eşyalarının bulunduğu ve üstünde kendi isminin ve özel mülkiyet tabelasının asılı olduğu bir raf var. Bu demek oluyor ki o oyuncaklardan biriyle oynamak isterseniz önce sahibine sormalısınız. Ama raflar doldukça düzenli olarak bunları gözden geçiriyoruz ve hangilerinin özel mülk olarak kalacağına hangilerinin ise kamu malı olup raftan indirileceğine karar veriyoruz.

Tuhaf bir dürtü

Teoride kamu malı fikri güzel, ama büyük oğlum küçük kardeşinin ne zaman bir şeyle oynadığını görse hemen elinden alıyor. Sanki bu engelleyemediği bir dürtü... Eskiden ona "Kes şunu! Neyin var senin? Çocuğun oynadığını görmüyor musun?" ya da "Kardeşini rahat bırak, ilk o aldı!" diye bağırıyordum. Ama bu hiçbir işe yaramıyordu. Sonra büyük oğlumla oturup insanın başkasının elindeki şeyi almak istemesinin ne kadar tuhaf bir dürtü olduğunu konuştuk. Yapmaman gerektiğini bilsen de içinde bir şey bunu istiyordu. Odada yüzlerce oyuncak olsa da en iyi oyuncak her nasılsa başkasının elindeki oyuncak oluyordu!

Bu konu hakkında epey konuştuk ve bunun tuhaf bir dürtü olduğuna karar verdik. Bu konuşma dönüm noktası oldu. Büyük oğlum pek çok kez yine kardeşinin elindeki şeyi almaya kalkıyor, ben de onu durduruyorum. Ama artık benimle kavga etmiyor. Onun yerine birbirimize gülümseyerek "En iyi oyuncak, başkasının elindekidir" diyoruz.

Elden kapma: İki adımlı bir strateji

Benim elden kapma meselesiyle başa çıkma yöntemim duyguları kabul etme ama kabul edilemeyecek olan davranışı değiştirme fikrine dayanıyor. Mesela kızlarımdan biri diğerinin elinden oyuncağını kaptığında "Ah Casey şu anda gerçekten Emily'nin sabun köpüğü oyuncağınla oynamak istiyorsun ve beklemek çok zor geliyor. Ama kurallarımıza göre kimsenin elinden bir şey kapmak yok. Ama Emily'ye ondan sonra oynamak istediğini söyleyebilirsin. Paylaşmak da iyidir."

Sonra Emily'ye "Baloncuk yapmayı bitirdiğinde senden sonra oynaması için onu lütfen Casey'ye verir misin?" diyorum. Sonra Casey'nin elini tutup "Haydi bu sırada oynayacak başka ilginç bir şey bulalım" diyorum. İşin sırrı şu –bunu her zaman yapamasam da yapmaya çalışıyorum– ikisinin de duygularıyla ve ihtiyaçlarıyla aynı zamanda ilgilenmek."

Cezalandırmak ya da cezalandırmamak

Atölye çalışmalarımız sırasında şu soru sık sık soruldu: "Bir kardeş herhangi bir nedenle diğerini incitirse ceza almalı mı? Ona yüzlerce kez yumruklarını değil, sözcüklerini kullanmasını söylediğiniz halde vurmaya devam ediyor diyelim... Bir noktadan sonra onu sevdiği bir şeyden, bir televizyon programından mahrum bırakmak ya da en azından sakinleşmesi için odasına göndermek gibi daha sert tedbirler almak gerekmez mi?"

Bu soruyu gruba yönelttim. Genel kanı cezanın saldırgan çocuğu kısa bir süreliğine durdurabileceğini ama uzun vadede kardeşlerin ilişkisini daha kötüleştireceğiydi. Bu durumda saldırgan olan çocuk, kardeşinin yüzünden ceza aldığını düşünerek ona daha da kızacaktı ve yalnız kaldıklarında saldırıya uğrayan çocuk daha az güvende olacaktı.

Aynı şey çocuğu sakinleşmesi için bir yere göndermek konusunda da geçerliydi. Bir anne, 3 yaşında ikiz oğulları olan kardeşini ziyarete gittiğini söylemişti. Çocuklardan biri onu elinden tutmuş, odasının köşesindeki sandalyeyi göstermiş ve "Bu benim düşünme sandalyem, kardeşime vuruyorum, beni düşünme sandalyesine koyuyorlar, düşünüyorum, sonra yine vuruyorum" demişti.

Çocuğa ceza vermenin ya da düşünmesi için bir yere göndermenin olumsuz etkilerine dair genel bir kanı oluştuğu halde şüpheler devam ediyordu. Bir kadın şöyle dedi: "Yine de bazen ceza vermek gerekiyor diye düşünüyorum. Bu sabah Amy (4) kardeşi Billy'yi (18 aylık) öyle sert itti ki Billy düşüp başını yere çarptı. Billy korkunç bir çığlık atınca deliye döndüm. Kızım bunu ilk kez yapmıyor. Ona kötü bir kız olduğunu ve köşeye gidip nasıl davranacağını öğrenene kadar düşünmesini söyledim. Ve bakıcı geldiğinde onu bırakıp çıktım. Başka ne yapabilirdim?"

Kadının yaşadığı sorun tüm grubu hararetli bir tartışmaya sürükledi. Hepimiz büyük çocuğun küçüğe zarar vermesine izin verilemeyeceği konusunda hemfikirdik. Diğer yandan insan büyük çocuğa karşı da biraz empati duyuyordu. Bir çocuk için 18 aylık bir kardeşle başa çıkmak kolay değildi. Pek çok anne baba nasıl bebeklerinin büyük kardeşlerinin elinden oyuncakları çektiğini, onları ısırdığını, tırmaladığını, onlara vurduğunu ve istediklerini elde edemediklerinde çığlık attığını anlattı. Bu bebeklerin normal gelişim süreçlerinde olduklarını biliyorduk. Konuşamayan çocuklar isteklerini fiziksel olarak ifade ediyordu. Yine de gruptaki birçok kişi, anne babaların büyük çocuğa küçük kardeşine zarar vermeden onunla başa çıkabilmeyi öğretebileceğini hissediyordu.

Amy'nin annesi ısrarla "Peki tam olarak bunu nasıl yapabilirim?" diye sordu.

Cevaplar çabuk geldi. Bir anne "Kızım benim yaptıklarımı örnek alıyor. Ne zaman kendimi kaybedip küçük kardeşine bağırsam biraz sonra aynı kötü sözleri ondan da duyuyordum. Ama 'Hey, Benjy, ısırmak yok annecim! Battaniyeni ya da oyuncak ayını ısırabilirsin' dersem beş dakika sonra kızımın da ona seçenek sunduğunu duyuyorum."

Bir baba şöyle dedi: "5 yaşımdaki oğluma ondan ne beklediğimi göstermeye çalışıyorum. Ona 'Kardeşin vurduğunda ben de ona vurarak karşılık vermiyorum. Eğer hepimiz, sen, ben, annen ona istediklerini daha güzel bir şekilde ifade etmeyi gösterirsek o da yavaş yavaş nasıl davranması gerektiğini öğrenecek' diyorum."

"Bunların hepsi vurmayı önlemek için kullanabileceğimiz yöntemler" dedi Amy'nin annesi "ama büyük çocuk küçüğe zarar verdiğinde ne yapacağımı hâlâ bilmiyorum. Eğer ceza çözüm değilse, o zaman çözüm ne?"

"Bir fikrim var" dedi bir kadın. "Amy'yle oturup problem çözme yöntemini kullanmak işe yarar mı? Hemen değil tabii. Sinirliyken değil. Küçüğü yatıştırıp ikiniz de sakinleştikten sonra..."

Amy'nin annesi şüpheyle baktı. "Problem çözme mi? 4 yaşında bir çocukla..."

Birisi bir deney yapmayı teklif etti. Problem çözmeyi teklif eden kadın Amy'nin annesi rolünü oynayıp konuşmanın nasıl ilerleyeceğini gösterebilir miydi? Ve Amy'nin annesi de Amy'yi oynamak ister miydi? İki kadın da kabul etti. Ve problem çözme tekniğini adım adım uygularken böyle sahneye koydular.

1. adım: Çocuğun bakış açısını dinleyin

ANNE: Billy bu sabah seni o kadar sinirlendirdi ki onu ittin.

AMY: Tam bir baş belası!

ANNE: Gerçekten canını sıkıyor.

AMY: Ben trenim için ray yapıyordum ama o rayları aldı.

ANNE: Bu çok sinir bozucu. Sen raylarını bir araya getirmeye çalışıyorsun ama biri onları alıp duruyor. Seni rahatsız eden başka bir şey var mı?

AMY: Hep oyuncaklarımı alıyor, oyun hamurlarımı yiyor.

ANNE: Demek ki seni sinirlendirecek pek çok şey yaptı.

AMY: Evet!

2. adım: Bakış açınızı ifade edin

ANNE: Çocuklarım birbirlerinin canını yakınca çok sinirleniyorum.

3. adım: Çocuğunuzu sizinle birlikte beyin fırtınası yapmaya davet edin

ANNE: Şimdi kafa kafaya verelim ve Billy seni rahatsız ettiğinde hem senin için hem onun için neyin iyi olacağını düşünmeye çalışalım.

4. adım: Tüm adımları (değerlendirmeden) yazın

AMY: Onu odasına kilitleyelim.

ANNE: Tamam bunu yazdım. Başka?

AMY: (*Gülerek*) Onu sandalyeye bağlayalım.

ANNE: Bunu da yazdım. Başka?

Konuşma ciddileşirken grup ilgiyle dinledi. Anne, aile bireylerinin bazen birbirlerini sinirlendirebileceğine, ama birbirlerini incitmeden birlikte yaşamanın bir yolunu bulmak gerektiğine işaret ediyordu. İşte sonunda aşağıdaki çözümlerde karar kıldılar.

Çözümler

1. Billy'nin elini yavaşça it ve "Bununla şu anda ben oynuyorum. Bittiğinde haber veririm, sıra sana geçer" de.
2. Billy'ye birkaç parça oyuncak ver. Örneğin birkaç ray, tren ya da blok...
3. Billy'ye oynayabileceği başka seçenekler sun. "Benim delikli kutumla ya da vurma tahtamla oynayabilirsin" de.
4. Billy'nin ulaşamayacağı yüksek bir masada oyna.
5. Boyalarınla ve oyun hamurunla Billy uyurken oyna.
6. Eğer hiçbiri işe yaramazsa yardım iste. "Anne yardıma ihtiyacım var" diye seslen ve annen hemen gelsin.

Sorunun nasıl çözüleceğini anlattıktan sonra pek çok tepki geldi.

"Bunun gerçek Amy'de işe yarayacağını sanmıyorum."

"En hoşuma giden yanı, anneye kızının karşısında olmak yerine onun yanında olma şansı veriyor olması."

"Onlar için küçük bir çocukla başa çıkacak gerçekçi çözümler bulmak kolay olmadı. Çözümlere ulaşmak zordu."

"Evet ama bu çaba çözümlerin işe yaramasını sağladı."

Amy'nin annesi dinleyip gülümsedi. "Benim için nasıldı biliyor musunuz? Amy'yi oynarken, kendimi onun yerine koyarken, onun gibi hissettim ve her şeyi onun bakış açısından görmeye başladım. Eve gidip anne rolünü oynamak için sabırsızlanıyorum."

Hikâyeler

Yaptığımız atölye çalışmalarının en ödüllendirici yanı her hafta küçük çocukların anne babalarından gelen gülümseten hikâyeler.

İlk hikâye çocuğun yanlış bir davranışına emir, tehdit, uyarı gibi klasik yöntemlerin tersi bir yöntemle yaklaşıp duygularını anlamanın nasıl farklı bir sonuç verdiğini net bir şekilde gösteriyor. Çocuklar duyguları anlaşıldığında davranışlarını değiştirmeye daha istekli oluyorlar.

"Jack'in sopasını istiyorum!"

Sahne: Üç çocuğum (4 yaşındaki ikizlerim James ve Samantha ile 2 yaşındaki oğlum Jack) ben bahçeyle uğraşırken yanımda oynuyorlar. Evin yanındaki çiçek yatağının arkasında diz çökmüş, güllerin kurumuş dallarını koparıp, çimenlerin üstüne diğer çalıların yanına atıyorum. Çocuklar kurumuş dal yığınından çubuklar alıyor ve oynamaya başlıyorlar. Birden kavga çıkıyor.

JAMES: O sopayı bana ver! (*Küçük kardeşinin elindeki sopayı almaya çalışıyor.*)

JACK: Hayır. Benim sopam. (*James'ten kaçıyor.*)

JAMES: Onu istiyorum. Onu bana ver. (*Jack'i kovalıyor ve sopayı alıyor.*)

JACK: Aaaah! (*Sopaya yapışmayı başarıyor.*)

ANNE: (*Çalıların arkasından başını çıkararak*) Orada ne oluyor?

JACK: James sopamı almaya çalışıyor.

ANNE: Jack'i rahat bırak.

JAMES: Ama o sopaya ihtiyacım var.

ANNE: Jack'in sopasına ihtiyacın yok. Kendi sopan var.

JAMES: (*Elindeki sopayı atıyor.*) Bu sopa iyi değil. Jack'inkini istiyorum.

ANNE: Jack'in sopasını alamazsın. İlk o aldı.

SAMANTHA: Al James, benim sopamı ister misin?

JAMES: Hayır. Jack'in sopasını istiyorum. Jack onu hemen bana ver!

ANNE: (*Çalıların arasından çıkıyor ve dal yığınının yanına geliyor.*) Bak James burada iyi bir sopa var. Üstünde yaprakları da var. Bir tane daha, bu da iyi, gerçekten uzun.

JAMES: (*Bağırarak*) Bunlar aptal sopalar! Aptal sopaları istemiyorum!

ANNE: James hemen bağırmayı kesmezsen sakinleşmek için içeri gireceksin.

JAMES: (*Hâlâ bağırarak*) Sakinleşmeye ihtiyacım yok. Jack'in sopasına ihtiyacım var. Jack o sopayı hemen bana versen iyi edersin!

ANNE: (*Sonunda çocuğun duygularını kabul etmek gerektiğini hatırlıyor.*) James o sopayı gerçekten istiyorsun.

JAMES: Evet, istiyorum.

ANNE: (*Sevecen bir şekilde*) Jack'in sopasının en iyisi olduğunu düşünüyorsun ve onu alamadığın için hayal kırıklığına uğradın.

JAMES: Evet... evet. Hey, Samantha kelebeğe bak! Haydi kovalayalım. (*Kelebeğin arkasından koşuyor.*)

ANNE: (*Orada ağzı açık kalakalıyor.*) Ah, Tanrım. İşe yaradı!

Bir anne, ailede herkes herkese sinirliyken duyguları sözcüklere dökerek tekrar etmenin yeni bir yolunu anlattı.

Dramayı kullanıyorum

Tüm aile sinirlendiğinde dramayı kullanıyorum ve işe yarıyor. En son bu olduğunda yüksek sesle "Vay, herkes çok sinirli! Ben sinirliyim. Zoe sinirli, Till sinirli ve Papi sinirli. Hatta kediler bile sinirli! Birkaç dakika mola verelim ve birazdan tatlı bir atıştırma için yemek odasında buluşalım" diyorum. Birkaç dakika sonra herkes geliyor ve yerine oturuyor. "Vay canına, az önce korkunç bir aile patlaması yaşadık. Aynı anda dört volkanın patlaması gibiydi. Ve biliyor musunuz? Başardık! Kimsenin kulağı kopmadı, pis kokulu bir ayaktan tekme yemedi, Voldemort (*Harry Potter*'dan) kimseyi almadı ve hepimiz hâlâ hayattayız. Vay canına harikayız!" Herkes başımıza gelmeyen şeylere örnekler verip gülmeye başladı.

Bir anne baba okuyamayan çocukları için bir not hazırladı ve yeni bir *trend* başlattı. Bu üç hikâye anaokulu çağında yazılı sözcüklerin ne kadar önemli olduğunu gösteriyor.

Kardeşler itmek için değildir

1 yaşındaki oğlum yürümeyi yeni öğreniyor. 3 yaşındaki onu itip duruyor. Bir gün bebeğin tişörtünün arkasına bir not yapıştırdım. "Kardeşler sevmek içindir, itmek için değil." Sonra bu notu 3 yaşındaki oğluma okudum ve gerçekten kardeşini düşürmeyi bıraktı.

Bebekten mektup

5 yaşındaki kızım grip oldu, o yüzden ondan bebekten uzak durmasını istedim. Gün içinde pek çok kez bebekten uzak durmasını hatırlatsam da işe yaramadı. Sonunda sanki bebek tarafından yazmış gibi bir not hazırlamak geldi aklıma. Notta şunu yazdım:

Sevgili Elizabeth,

Kendini iyi hissettiğinde beni istediğin kadar kucağında tutabilirsin.

Sevgiler,
Emily

Elizabeth nota bayıldı. Sonraki günlerde bana en azından 15-20 kez okuttu ve bebekten uzak durdu.

"Ben de bir tabela istiyorum!"

Delirecektim. Her sabah saat dörtle altı arasında 2,5 yaşındaki oğlum Spencer yatağından çıkıp bebeğin beşiğine tırmanıyor ve onu uyandırıyor. Çünkü onunla "oynamak" istiyor. 9 aylık Russell bağırmaya başlıyor. Ben odaya koşuyorum. Spencer'ın poposuna bir tane patlatıyorum. Spencer da bağırmaya başlıyor. Bebek daha yüksek sesle bağırıyor ve haftalar boyunca bu böyle gidiyor.

Bir gün *Konuş Ki Dinlesin Dinle ki Konuşsun* kitabının bir bölümünde çocuklara not yazmak hakkında bir şey okudum ve kaybedecek neyim var ki diye düşündüm. Spencer'a "Russell yazı yazamıyor o yüzden beşiğine bir tabela asmak için yardımına ihtiyacı var. Sen daha büyüksün, yazabilirsin" dedim. Ona kâğıt ve boya kalemleri verdim. Kâğıda bir şeyler karaladı. Sonra ben de aynı sayfaya *"Bu Russell'ın beşiği. Onun dışındaki herkes uzak dursun"* yazdım.

Sonra kâğıdı beşiğin üstündeki duvara astım. Spencer "Ne yazıyor?" diye sordu. Ona okudum.

Sonra "Ben de bir tabela istiyorum" dedi. Birlikte onunkini de yaptık ve okuduk: *"Bu Spencer'ın yatağı. Onun dışındaki herkes uzak dursun."*

İster inanın ister inanmayın işe yaradı. Her sabah Spencer bebeğin beşiğinin üstündeki tabelayı göstererek "Uzak durun" dedi. Şimdi bebek de konuşmaya başladı ve "Usa du" diyerek onu taklit ediyor.

Bu son hikâye bir annenin 3 yaşındaki çocuğunu davranışının sorumluluğunu almaya davet edişini anlatıyor.

Isırmayı seviyorum

Sabrım taşmak üzereydi. 3 yaşındaki Carrie son zamanlarda 5 yaşındaki ablası Alice'i ısırmaya başladı ve ne söylediysem, ne yaptıysam onu durduramadım. 3 yaşındaki bir çocukla problem çözme tekniğini denemek kulağa biraz çılgınca geliyordu ama çaresizdim. Geçen haftaki seanstan sonra sabah bir kâğıt aldım ve ikisine de ısırma konusundaki duygularını yazacağımı söyledim. Isıran Carrie heyecanlandı. Alice ise "Bu aptalca" dedi.

İşte Carrie'nin ısırma hakkında söyledikleri. Bunları yazarken gülmemek için kendimi zor tuttum:

Isırmayı seviyorum.
Isırınca çok iyi hissediyorum.
Isırmak çok eğlenceli.

Sonra Alice "Ben de bir liste istiyorum!" dedi. Onun için de *"Alice ısırıldığı zaman sinirleniyor ve kardeşinin bunu niye yaptığını anlamıyor"* yazdım. Ardından bir çözüm listesi yaptık.

Yiyecekleri ısır.
Sözcükleri kullan.
Oradan git.

O günden beri Carrie ne zaman ısırmaya kalksa Alice "Liste! Listeyi hatırla!" diye bağırıyor ve Carrie vazgeçip geri çekiliyor. Sanki bir vampire haç doğrultmak gibi bir şey... Carrie buzdolabına koşuyor ve bir elmayla geri dönüyor. Geçenlerde markette sinirlenince bacağımı ısırmaya kalktı. Ama yine de iyiye gidiyor.

II. Evde tek başına

Daha büyük çocukları olan anne babaların farklı endişeleri vardı. Çalışan anne babalar gündüz işte oluyordu ve bekâr annelerin ya da babaların çoğunun okul çağındaki çocukları onlar işten gelene kadar evde tek başlarına oluyorlardı. Bu, onlara göz kulak olacak, bir kardeşin diğerine zarar vermesini engelleyecek, onu durduracak bir yetişkin olmadan uzun saatler geçirmek anlamına geliyordu. Anne babalar işteyken bile evde ne olduğunun endişesini yaşıyorlardı. Üvey çocukları olan anne babaların işi daha zordu. Farklı kuralların, değerlerin, yaşam biçimlerinin olduğu evlerden gelen çocuklar bir şekilde bunları bir süzgeçten geçirip uyumlu bir birim gibi hareket etmenin yolunu bulmalıydı.

Genel kanı, anne babaların çocuklarıyla geçirdikleri kısa süre içinde ilişkilerini besleyecek ve çocuklarına birbirlerine medeni bir şekilde davranmayı öğretecek her fırsatı kullanmaları gerektiğiydi.

Seanslarımız devam ettikçe anne babalar yeni becerilerini nasıl kullandıklarına dair hikâyeler anlattılar. İşte akılda kalanlar:

Ona kendin söylemelisin

Dünkü olayın beni ne kadar heyecanlandırdığını anlatabilmek için önce normalde Jill (11) bana David'i (13) şikâyet ettiğinde neler olduğunu anlatmalıyım. Tipik bir konuşma şu şekilde olurdu:

JILL: (*Ben işten gelir gelmez ağzından çıkan ilk cümle*) Anne! David çok kötü. Ondan nefret ediyorum.
BEN: Neden? Sakin ol. Ne oldu? Ne yaptı?
JILL: Beni odasından attı. Sırf aptal arkadaşları geldi diye. "Defol buradan baş belası" dedi.
BEN: Peki başına bela mı oluyordun?
JILL: Hayır! Ondan silgisini ödünç vermesini istedim ama vermedi.
BEN: Ne? Silgisini vermedi mi?
JILL: Hayır. Ödevim için gerekiyordu.
BEN: Pekâlâ, bu akşam kardeşine söyleyecek bir çift lafım olacak. Merak etme tatlım. Bir daha böyle bir şey yapamayacak.
JILL: İyi, söyle ona.

Ama bunların hiçbirini söylemedim. Taraf tutmadım. Kimin haklı kimin haksız olduğunu öğrenmeye çalışmadım. David'e bağırmadım. Onun yerine burada öğrendiğim birkaç şeyi uygulamaya çalıştım ve her şey çok farklı oldu. İşte olanlar:

JILL: David çok kötü. Ondan nefret ediyorum.
BEN: Ah, seni gerçekten kızdıracak bir şey yapmış olmalı.
JILL: Beni odasından attı. "Defol buradan baş belası" dedi.
BEN: Bu kalbini kırmış olmalı.
JILL: Evet, hem de arkadaşlarının yanında söyledi.
BEN: Bu seni küçük düşürmüş olmalı.
JILL: Evet, bana iyi davranabilirdi.
BEN: (*Bunu söylemeden önce epeyce düşündüm.*) Yani eğer David arkadaşlarıyla yalnız kalmak istiyorsa bunu hakaret etmeden güzel bir şekilde söyleyebilir.
JILL: Evet... Ya da beni itmeden. Bunu ona söyle.
BEN: (*İşte en gurur duyduğum kısım*) Tatlım bunu benden duyarsa sadece sana daha çok kızmış olur. Az önce bana söylediklerini ona kendin söylemelisin. Çok açık bir şekilde söyledin. Seni küçük düşürmesine ya da itmesine gerek yok.

Eğer arkadaşlarıyla yalnız kalmak istiyorsa bunu güzel bir şekilde söyleyebilir ve sen de gidersin.

Bunu duyduğuna pek memnun olmuş gibi görünmüyordu. Ama benimle tartışmadı. Ve tartışsa bile beni vazgeçiremezdi. Doğru yolda olduğumu biliyordum. Ona kendisini rahatsız eden şeyleri kardeşine söylemesi için doğru sözcükleri vererek ben yanlarında yokken tartışma çıkarmayacak bir yaklaşım edinmesini sağlamıştım.

Yazıya dökmek

Kızım ve oğlum ergenlik çağına geldiklerinde artık kardeş sorunlarıyla uğraşmayacağımı düşünüyordum. Ama kısa bir süre önce ilişkileri öyle kötü oldu ki onlarla aynı evde yaşamak mümkün değil. Karım işe geri döndüğünde her şey daha da kötüleşti. Akşam kapıdan girdiğim anda daha çantamı yere bırakmadan ikisi de diğerini şikâyet etmeye ve beni kendi tarafına çekmeye çalışıyor.

Ama dün akşam hazırdım. Bir süre sessizce dinledim. Sonra ikisine de birer kâğıt ve kalem vererek. "Beni dinleyin" dedim. "Anladığım kadarıyla ikinizi de rahatsız eden birçok konu var. Bunları yazıya dökün ve önem sırasına göre numaralandırmayı da unutmayın."

Gittiler. Mutfak masasına oturup sinirli bir şekilde yazmaya başladılar. Oradan çıktım. On dakika sonra geri geldiğimde kızımın kâğıdında dört madde gördüm. Oğlum da dört tane yazmıştı ve ikisi de yazmaya devam ediyordu. Oturma odasına gidip bilgisayarımda üstünde çalıştığım bir raporu tamamladım.

Ertesi sabah işe gitmeye hazırlanırken evde alışılmadık bir ses duydum: Bir kahkaha. Ve ardından bağırarak söylenen sayılar.

"İki!"

"Evet ama yedi."

"Hayır, beş!"

"Ve üçü de unutma!"

Daha çok kahkaha...

Sonunda bu sayıların önceki akşam yazdıkları listedeki numaralar olduğunu anladım. Normal insanların iletişimine benzemiyordu ama soğuk savaşı bitiren ilk adımdı.

Tekrarla ve sil

Bu atölye çalışmasında en çok hoşuma giden şey, çocuklar kavga ettiğinde taraf tutmamak oldu. Ama yine de tavsiye ettiklerinizle ilgili ciddi kuşkularım vardı. Yani sadece orada durmak ve her birinin söylediğinin ana fikrini tekrar etmek işe yarar mıydı emin değildim. Neyse, geçen hafta bunu öğrenme fırsatım oldu. İşte tam olarak olanlar:

İşe gitmek üzere giyiniyordum ki kızların odasından çığlıklar geldiğini duydum. Koştum ve itiştiklerini gördüm.

BEN: Durun bakalım! Vay canına, ikiniz de ne kadar sinirlisiniz!
CAROL: (*12 yaşında*) Çoraplarımı almama izin vermiyor.
BEN: Amy, Carol çoraplarını almasına izin vermediğini söylüyor.
AMY: (*10 yaşında*) Evet tabii! Ben taytımı almaya çalışıyordum ve çekmeceyi üzerime kapattı. Elim kırılabilirdi.
BEN: Carol, Amy çekmeceyi üzerine kapattığını söylüyor.
CAROL: Çoraplarımı başka türlü nasıl alabilirdim. Ayrıca çekmeceyi ilk ben açmıştım.
BEN: Amy, Carol çekmeceyi ilk kendisinin açtığını söylüyor.
AMY: Tabii, ilk o açmıştı ama orada değildi. Ne yapsaydım? Prenses hazretleri geri gelmeye karar verene kadar beklese miydim?

Her birinin söylediği şeyi yansıtmak zor bir şeydi. Ayrıca neden bahsettiklerini anladığımdan da emin değildim. *Özgürleşmiş Anne Babalar / Özgürleşmiş Çocuklar* kitabındaki "silme" hikâyesini hatırladım.

BEN: Birisiyle işler çözemeyeceğim kadar karıştığında ne yaparım biliyor musunuz? Tüm hikâyeyi silerim ve en baştan başlarım. (*Duvarda bir silme hareketi yaptım.*) Tamam, tahtanız şimdi temiz. En baştan başlayabilirsiniz. Ben gidiyorum. Bol şans.

Odadan çıktım ve kapıyı kapattım ama itiraf etmeliyim kapının önünden ayrılamadım. İşte duyduklarım:

CAROL: Tamam Amy, şimdi bana diyeceksin ki "Sevgili Carol, bu açık çekmeceden çoraplarını almak ister misin?" Ve ben de "Sorun değil sevgili kardeşim önce sen taytını al" diyeceğim.

AMY: Sevgili kardeşim! Bu aptalca. Bana taytımı ver, okula geç kaldım.

Bu kadardı. Bitmişti.

Umarım ben ortalarda yokken de bu "silme" fikrini hatırlar ve kullanırlar.

Moral kutusu

İkisi de 10 yaşında olduğu halde oğlumun ve üvey oğlumun hiç geçinememesinin nedenlerinden birinin, birbirlerinin hislerine karşı duydukları ilgisizlik olduğunu fark ettim. Birisi huysuz olduğunda diğeri neşeli oluyordu. Biri yalnız kalmak istediğinde diğeri oynamak istiyordu. Ben büyük patlamanın yaklaştığını hissediyordum ama hiçbirinin diğerinin duygularına dair bir fikri olmuyordu. Ben evdeyken birbirlerinin hislerini anlamalarına yardımcı olabilirdim, ama ya ben yokken ne olacaktı?

Sonra *Özgürleşmiş Anne Babalar / Özgürleşmiş Çocuklar* kitabında kendine moral kutusu yapan çocuğu hatırladım. Renkli kâğıtlar ve bant yardımıyla altı yüzeyi olan birer kutu yapmaya başladım. Çocuklar ne yaptığımı görünce ilgilenip hangi rengin hangi moral durumunu ifade edeceği konusunda bana yardım ettiler. Şunlara karar verdik:

GRİ: Yorgun
MAVİ: Hayal kırıklığına uğramış
KIRMIZI: Kızgın
SİYAH: Berbat
SARI: Mutlu
YEŞİL: Normal

Plana göre, uygun rengi çevirecekler ve ailedeki diğer bireylerin "ne âlemde olduklarını" öğreneceklerdi.

O zamandan beri çocuklar bunu kullanıyor. Bir gün Ben eve geldi ve şok olmuş gibiydi. "Brian'ın kutusu siyahta! Ne oldu?" diye sordu. Ona

Brian'ın o gün küçükler liginde kötü bir gün geçirdiğini söyledim ve Ben ona daha iyi davrandı.

Başka bir gün Brian mutfağa girdi ve "Ben'in kutusu kırmızıda, beysbol eldivenlerini bugün istemesem iyi olur" dedi.

O iki küçük kutu oğullarımızın hayatında büyük fark yarattı. Aslında kocam dahil hepimizin birbirimize karşı daha anlayışlı olmasını sağladı.

III. Kardeşler arasında iyi duygular oluşmasını destekleyecek diğer yöntemler

Kardeş Rekabeti kitabını yayımladıktan sonra yaptığımız atölye çalışmalarında pek çok yeni fikir ortaya çıktı. İşte anne babaların bilmesinin özellikle önemli olduğunu düşündüklerimiz:

Her çocuğunuzla haftada belli bir süre baş başa vakit geçirin

Bugünün telaşlı ve kişisel olmaktan uzak dünyasında baş başa geçirilen vakitler çok kıymetlidir. Çocuklar anne babalarıyla geçirdikleri özel anların sıcaklığı ve samimiyetiyle olgunlaşırlar. Bu birebir bağ çocukların daha şefkatli ve kardeşlerine karşı da daha toleranslı olmalarını sağlayacak duygusal beslenmeyi beraberinde getirir. Johnny sizin sadece ona ayıracağınız ve onu dinleyeceğiniz bir vaktiniz olduğunu bilirse kardeşine saldırarak ilgi çekmeye çalışmaz.

Sadece ikiniz için bir saat belirleyin ve bu saate saygı gösterin. Bir telefon görüşmesinin araya girip havayı bozmasına izin vermeyin. Çocuğunuz "Merhaba Bayan Jones, sizi on beş dakika sonra arayabilir miyim? Şu anda Johnny'yle birlikte zaman geçiriyoruz" dediğinizi her zaman hatırlayacaktır. Johnny sizin sadece onunla ilgileneceğinizi hissettiğinde kardeşleriyle sizi paylaşma konusunda da daha cömert olacaktır. Ama daha önemlisi kendi değerini hissedecek olmasıdır. Bir anne bize şunları anlattı:

> Geçen haftaki seanstan sonra eve geldiğimde ortanca oğlum Kevin'la ilgili bir şeyler yapmam gerektiğine karar verdim. Tipik bir ortanca çocuk, ne orada ne burada... Neyse ertesi gün dışarıdaki işlerimi hallederken bana eşlik etmek isteyip istemediğini sordum. Buna memnun

olmuş gibiydi. Arabada konuşuyorduk, her şey gayet güzelken birden bombayı patlattı: "Keşke kendim olmasaydım. Robert ya da David olsaydım" dedi.

Ne diyeceğimi bilemedim. "Neden?" diye sordum.

"Çünkü Robert her istediğini yapabiliyor, David'i ise herkes şımartıyor."

Ona böyle hissetmemesi gerektiğini söyleyecektim ki kendimi zor tuttum. "Sen öyle düşünüyorsun ama ben böyle bir şeyi istemezdim" dedim.

"Neden istemezdin?" diye sordu.

"Çünkü sen çok özelsin" dedim. "Ve eğer sen ailedeki başka biri olsaydın o zaman artık *sen* olmazdın. Benim Kevin'ım olmazdın. Bu da beni mahvederdi."

Ne yaptı biliyor musunuz? Uzandı ve hafifçe omzuma vurdu.

Ardından bir öğleden sonranın Kevin için yeterli olmadığını, benimle de babasıyla da ayrı ayrı daha çok zaman geçirmeye ihtiyacı olduğunu anladım. İkimiz de ne kadar önemli olduğunu ona hissettirmeliydik.

Bir çocukla vakit geçirirken diğerinden bahsetmeyin

Mary'yle alışverişe çıktığınızda Mary'ye odaklanın. "Şu mavi kazağa bak, o mavi gözleriyle kardeşine çok yakışır" demeyin. "Ah Debbie şu Snoopy düğmelerine bayılır, haydi koleksiyonu için ona bir tane alalım" demeyin.

Anne babaların niyetleri kötü değildir, zarar vermek istemezler hatta böyle davranarak çocuklarının birbirlerine karşı daha düşünceli olma konusunda cesaretlendirdiklerini sanırlar. Ama Mary muhtemelen "Debbie burada olmadığı halde annemi benden çalmayı başarıyor" diye düşünür.

Size daha az yakın gelen çocuğunuzun durumunu telafi etmek için favori çocuğunuzdan uzak durmayın.

Bazı anne babalar, kendilerini çocuklarından birine daha yakın hissettiklerini kendilerine itiraf ettiklerinde diğer uca yönelirler. Zorlama bir çabayla diğer çocuğa övgüler yağdırır ve favori çocuklarına soğuk davranmaya çalışırlar. Bu ani değişiklik iki çocuğa da zarar verir. Biri "Ne oldu? Yanlış bir şey mi yaptım, annem/babam artık beni sevmiyor mu?" diye düşünür. Diğer çocuk ise kendi kendine "Bu işte bir tuhaflık var, samimi gelmiyor" der.

Çocukları doğum sıralarına göre (büyük, ortanca, küçük) rollere hapsetmeyin. Her çocuğa diğerinin sahip olduğu ayrıcalıkları ve sorumlulukları deneyimleme fırsatı verin.

Kardeşler arasındaki öfkenin en önemli sebeplerinden biri anne babaların çocuklarından yaşlarının getirdiği konuma göre davranmalarını beklemesidir. Çocukların doğum sırasını değiştiremeyiz ama onlara da sonsuza dek o rolleri oynatmak zorunda değiliz. İşte atölyemizdeki bazı anne babaların yaptıkları:

Kızlarım (biri 5, diğeri 9 yaşında) ciddi abla ile bebek gibi davranan kardeşlerin klasik bir örneğiler. Bu cumartesi daha önce hiç yapmadığım bir şey yaptım ve kız kardeşimi arayarak onun 2 yaşındaki kızıyla kendi 9 yaşındaki kızımı değiştirmeyi teklif ettim. Böylece büyük kızım ergenlik çağındaki kuzenleriyle oynadı.

Neyse, iki kızım da harika vakit geçirdi. Küçük kızım bütün öğleden sonra abla rolünü oynadı. Çok önemli ve yetişkin gibi davrandı. 9 yaşındaki kızım ise sevinçle kuzenlerinin ona ne kadar iyi davrandıklarından söz etti. Ona eski kolyelerinden vermiş, saçlarını yapmış ve nasıl Macarena dansı yapılacağını öğretmişlerdi. Şımartılmak ve ilgi odağı olmak hoşuna gitmişti.

* * *

İkinci çocuğumun doğumundan beri büyük kızım bebeği oynamak istiyor ve artık ona engel olamıyorum. 4 yaşında bir çocuğun sürekli biberon istemesi önceden tuhafıma giderdi ama geçen gün onun oyununa katıldım. Ona oyuncak bir biberon aldım ve suyla doldurdum. "Biberonunu istiyor musun bebeğim, al bakalım" dedim. Bir keresinde de "Sen mi bebek olmak istersin ben mi olayım?" diye sordum ve sırayla birbirimize biberonumuzu verdik. Bunu o kadar sevdi ki o hafta boyunca her gün oynamak istedi. Sonra bir gün "bebek oyunu" oynarken biberonu bıraktı ve "Haydi şimdi de kılık değiştirmece oynayalım" dedi.

* * *

Bir akşam, yemekten önce, 10 yaşındaki kızıma sofrayı hazırlamakla uğraşmamasını ve rahatlayıp kitabının tadını çıkarmasını söyledim. Sonra 8 yaşındaki oğlumdan marketten aldıklarımızı yerleştirmek ve sofrayı kurmak için yardım istedim. Kendini çok büyük hissetti. Büyük kızım ise her zaman bana yardım eden tek kişi olmadığı için mutluydu.

"Birliktelik" tuzağına düşmeyin

Tüm ailenin bir arada açık havada vakit geçirmesi insana çekici gelen bir tablodur. Ama zaten sorunlu ilişkileri olan bazı çocuklar için kardeşleriyle uzun saatler geçirmek zorunda kalmak fazladan bir gerginliğe neden olabilir. (Bu uzun zaman dilimini didişerek geçiren çocukların, anne babaların sinirlerini ne kadar bozacağından hiç söz etmiyorum bile.)

Hayvanat bahçesinde güzel bir gün düşünün: Büyük olan önden koşturur ve küçüğe kaplumbağa der. Küçük ağlar. Yemek yemek için durmak ister. Büyük daha acıkmamıştır. İkisi de "Neden hep onun istediğini yapmak zorundayız!" diye şikâyet eder. Büyük olan yılanları görmek ister. Küçük olan yılanlardan korkar. (Kavga ve gözyaşı.) Küçük birden yorulur ve eve dönmek ister. Büyük sinirlenir. Daha yılanları görememiştir. (Daha çok kavga ve daha çok gözyaşı.)

Çocuklar birbirleriyle hiç geçinemedikleri bir dönemden geçiyorsa anne babalar onları birlikte olmaya mahkûm etmemelidir. Bu onları daha çok birbirlerinden uzaklaştırır.

Onun yerine farklı yetişkin-çocuk kombinasyonları yapılabilir.

Anne bir çocukla evde kalırken baba diğer çocuğu çıkarabilir.

Baba bir çocukla evde kalırken anne diğerini çıkarabilir.

Herkes birlikte hayvanat bahçesine gidip ayrılır ve öğle yemeğinde buluşurlar.

Herkesin biraz daha nefes almasını sağlayacak her şey olabilir.

Her çocuğun kardeşlerinin onun nesini sevdiğini ve nesine hayranlık duyduğunu bilmesine izin verin

Çoğunlukla çocuklar birbirlerine karşı duydukları hayranlık duygularının farkında olmadıkları için birbirlerinin baş düşmanı gibi davranırlar. Kardeşlerinin kendilerine karşı hissettiği olumlu bir duyguyu öğrenmek her şeyi ciddi şekilde değiştirebilir.

Kardeşlerim ve benim aramda hiç bitmeyen bir kavga vardı ve bu hepimiz için çok yıpratıcıydı. Özellikle annem ve babam için. O yoğunluğu nasıl seyrelttiler? Kardeşlerime saldırmamı nasıl durdurdular? Dediler ki "Scott dinle: Küçük kız kardeşlerin için çok değerli olduğunu görüyorsun değil mi? Sana o kadar hayranlar ki yaptıkları şeylerle seni etkilemeye çalışıyorlar." Bu beni geri çekti, bir dahaki sefere onlara saldıracak olduğumda belki annemle babam haklıdır diye düşündüm. Bu beni sakinleştirdi ve sonuçta durdurdu.

* * *

Büyüyüp bir yetişkin oluncaya ve bütün bir gece erkek kardeşimle içten bir şekilde uzun uzun konuşuncaya dek ne kadar çok acının aslında engellenebilir olduğunu fark etmemiştim. Keşke küçükken birbirimiz hakkında neler hissettiğimizi bilseydik. O benim ağabeyim olduğundan benim için tanrı gibiydi. Yakışıklı, popüler, yetenekli bir müzisyendi. Bana karşı neden hep bu kadar zalim ve kötü olduğunu hiç anlamıyordum. Benden nefret ettiği için olduğuna emindim ve ona o kadar hayran olduğum halde onunla tüm gücümle mücadele ettim. Tüm gücümü o bana zarar vermeden ona zarar verebilmek ve ondan intikam almak için kullanmalıydım.

Ama onun anlattığı tamamen başka bir hikâyeydi. Benim her zaman harika olduğumu düşünmüştü. Hoş ve akıllıydım. Her zaman benim notlarım onu hayrete düşürmüştü. Kendisinin yetersiz bir öğrenci olduğunu düşünüp utanmıştı. Bulduğu tek yol, benimle dalga geçip bana kötü davranmaktı. Ben de kendi zekâmı kullanarak kinayeli bir dil geliştirip ondan intikam aldım. Eğer ikimizden biri diğerine karşı duyduğu hayranlığı gösterebilmiş olsaydı ikimiz için de çok faydası olurdu.

Bunu anneme söylediğimde hemen savunmaya geçti.

"Neden birbirinize karşı hislerinizi söylemem gerekiyormuş. Bana göre içten içe birbirinizi sevdiğiniz belliydi."

Ama bizim için hiç belli değildi.

Aile toplantıları düzenleyin

Arabamıza düzenli olarak yakıt almadan ve bakım yaptırmadan çalışmasını beklemeyiz değil mi? Ama ailemizin kontrollerini düzenli bir şekilde yapmadan sorunsuz bir şekilde işlemesini bekliyoruz. Aile toplantılarını en coşkulu şekilde destekleyenler, bunu daha önce deneyimleyen anne baba ve çocuklar oluyor. Ergenlik çağında bir genç bize bunun gerginliklerin oluşmasını önleyen harika bir yöntem olduğunu söyledi. "Oturup ailecek yapacağımız şeyleri, görevlerimizi, kimin ne yapmak istediğini, kimin neyle neyi değiştirmek istediğini, kimin neden rahatsız olduğunu konuşuyoruz." Annesi de "Bu bizim birbirimizin nelere ihtiyacı olduğu ve birbirimize nasıl destek olabileceğimiz konusunda yaratıcı bir şekilde düşünmemizi sağlıyor" diye ekledi.

Bir ailede baba arka koltuktaki bağırışlardan rahatsız olduğunu söylemiş ve yolculuğun herkes için güvenli ve keyifli olmasını sağlayacak fikirleri üretmelerini istemişti. Öneriler yağdı: kitap getirmek, oyun oynamak, fıkra anlatmak, bilmece sormak, şarkı söylemek... Ama en önemlisi aile içinde herkesin baba için yolculukları daha az stresli hale getirmek için uğraşıyor olmasıydı.

Altı çocuklu ve düşük gelirli bir başka ailede çocuklar doğum günlerinde hediye olarak birbirlerinin gündelik işlerini yapmaya karar verdiler.

Bir anne yakın zamanda bize ilk aile toplantısı hakkında yazdı:

Toplantıyı eğlenceli hale getirmek için 6 ve 7 yaşlarındaki kızlarım için ayrı ayrı davetiyeler hazırladım:

AİLE TOPLANTISI
Yer: Yemek masası
Zaman: Cuma 18:30
Kıyafet: Günlük
Size ihtiyacımız var!

Kızlardan gelen cevaplar pek cesaretlendirici değildi: "Yok, ben gelmiyorum", "Ne konuşacağız?", "Toplantı nedir?", "Günlük kıyafet ne demek?", "Bunu toplantıda soracağım."

Toplantı günü geldi. Baba, toplantıyı oturma odasında yapmanın daha iyi olacağı konusunda ısrar etti. Benim ilk gündeme getirdiğim konu yangın anında kaçış planımızdı. Almamız gereken tüm tedbirleri konuştuk. Bundan sonra başka konulardan söz ettik: Okul günleri sabah köpeği kimin gezdireceği ve o hafta sonu hangi filmi kiralayacağımız gibi... Sonra bir anlık sessizlik oldu. Ardından 7 yaşındaki kızım "Bence bu harika bir aile. Bu ailede olduğum için çok mutluyum" dedi. 6 yaşındaki kızım da ona katıldı. "Ben de... Ailemizi seviyorum." Gözlerim doldu. Aile toplantısı gibi basit bir şeyin bile böyle bir etkisi olmuştu. Ve sadece on beş dakika sürmüştü. O gece hepimiz kendimizi birbirimize çok yakın hissettik.

Sonuç

Umarız bu yeni bölüm sizin için faydalı olmuştur. Yetişkinlerin ustaca müdahalelerinin bazen kardeş ilişkilerini nasıl ciddi anlamda geliştirebileceğini göstermenin yanında, her müdahalemizin de mükemmel ya da kalıcı sonuç vermeyeceğini hatırlatıyor.

Kardeş ilişkileri akışkan ve değişkendir. Hiç bitmeyen bir süreçtir. Hayatlarının farklı evrelerinde kardeşler birbirinden uzaklaşıp yeniden bir araya gelebilirler. Anne babalar olarak onların arasında değişmez, yakın ve sevgi dolu bir ilişki olmasını sağlamamız mümkün değildir. Yine de becerilerimiz ve iyi niyetimizle kardeşlerin uyumlu olmasının önündeki engelleri kaldırabiliriz. Böylece çocuklarımız birbirlerine uzanmak istediklerinde yolları açık olur.

Yapmaya çalıştığımız şey zor. Ama sadece zor... İmkânsız değil. Kendi duygularımızla başa çıkmalı ve çocuklarımızın da kendi duygularıyla başa çıkmalarına yardımcı olmalıyız. Kardeş rekabetinin getirdiği o ham, öfke dolu, karmaşık duyguları almalı ve onları kullanmalıyız. Evet, daha duyarlı, daha farkındalık sahibi ve şefkatli bireyler olabilmek, derin farklılıklarımıza rağmen birlikte yaşamayı öğrenmek için bu duygularla başa çıkmayı başarmalıyız.

İlişki kurmak ailede öğrenilir. Çocuklarımızla bir bağ kurmak ve kardeşleriyle de kurmalarını sağlamak onlara vereceğimiz en güzel hediyedir.

Her şeye rağmen kardeşler[1]

Anne... Baba... Çocuk
Dar, küçük bir evren
Besleyip büyütenler ve büyüyen
Hayal edenler ve gerçek olan hayal
Bir sevgi çemberi

Bunu neden kırmalı?
Başka bir çocuk neden?
(ya da iki, üç veya daha fazla)
Sadece çemberi genişletmek için
Daha fazla sıcaklık... Daha fazla sevinç...

Beraber gülen ve birbirini seven kardeşler
Çocukluklarını oluşturan yüzlerce mutlu anı
Sırdaşlar ve dostlar
Soğuk, yabancı bir dünyada
Birlikte güçlü ve güvenli
Ama artık kalmadı hiçbirimizde
Uyumlu kardeşliğin o tatlı hayali

Göreceksin, bebeği seveceksin
O senin de bebeğin olacak.

Hayır!

İşte geldi!
Doğdu!
Kim bu yabancı?
Kardeş mi?
Ne kardeşi!
Bana ayrılacak vakti çalan

1. Adele Faber ve Elaine Mazlish'in *Kardeşler Arasında* kitabından.

BİR SOYGUNCU
Kolları ve kucakları çalan
BİR HIRSIZ
Sadece benim için okunan hikâyeleri ve söylenen şarkıları çalan
BİR HAYDUT

Git yabancı
Kaybol ve bir daha bulunma
Asla!

Peki ya kalmak zorundaysa...

ÖYLE OLSUN!

Yatağını ıslat
Parmağını em
Ağla ağla ağla

Ya da
Vur, öp, ısır, dalga geç, oyna

Oyna mı?
Ce-ee
Çamuru karıştır
Salıncağı salla
Treni it
Sıra bende küçük bebek

Annenin bir bebeği daha mı oluyor?
Yine mi?

NEDEN?

Şimdi hepimize daha az şey düşecek.

Neyse biz oynayalım.
Güreş ve dövüş

Saklambaç ve yarış
Ben kazandım!

Misketler
Dama
Mikado
Papaz kaçtı, pişti...
Savaş!
Hileci, yalancı, çık odamdan!

Haydi deniz kenarına gidelim
Gölde paten kayalım
Caddede dolaşalım
Parti veriyoruz
Hayır sen gelemezsin. Arkadaşlarım seni istemiyor.
Boyu ne zaman beni geçti?
Ne zaman böyle benden güzel oldu?
Çok akıllı. Annem onu daha çok seviyor.
Çok sevimli. Babam ona bayılıyor.
İğrençler!

Ama ona özel şeylerini anlatabilirsin
Kimseye söylemez
Sana matematikte yardım eder
Ve baban bağırdığında seni korur
Dikkatli olursan sana fotoğraf makinesini verir
Öğüt verdiğinde seni dinler
Mahalledeki zorbadan korur

Şimdi dağıldık
Şimdi meşgulüz
Farklı okullar, farklı yollar
Ara sıra bir mektup
Bazen bir telefon

Bayramlarda eve geliriz

Sarılır ve seviniriz
Harika görünüyorsun
Saçını ne zaman kestirdin?
Masa güzeldir
Her şey nefis kokar
Sonunda evdesindir
Herkes alıştığı sandalyeye geçer

Hâlâ bir domuzsun
Sadece şaka
Hâlâ bir domuz gibi davranıyorsun
Sadece şaka

Çocuklar! Çocuklar!
Demek matematiği bıraktın. Belli.
Beni tanıdığını sanıyorsun değil mi?
Sadece hava atıyor

Her zamanki gibi

Tamam çocuklar, yeter!

Bir sandalyede oturan iki kişi
Biri yetişkin
Biri geçmişte kalmış
O eski çocuk
Ne zaman birbirimizi olduğumuz gibi göreceğiz.

Seni üzdüysem özür dilerim
Çünkü sen her zaman şey yaptığın için
Sen her zaman şey yaptığın için
Asla yapmadım
Sen de yaptın
Yaptıysam da şey hissettiğimden
Bunu bilmiyordum
Şimdi biliyorsun
Ah

Sonunda büyüdük
Rekabet geride kaldı
Kendi evimiz
Kendi işimiz
Kendi sevgililerimiz
Kardeşim öğretmen, daha az kazanıyor.
Ablam hemşire daha çok çocuğu var
Benim çocuklarım onunkilerden daha zeki
Evim onunkinden daha büyük

Annem hakkında ne yapacağız.
Onu bakım evine koyamayız
Asla gitmez
Belki sen onunla ilgilenebilirsin
Neden ben?
Sen onun favorisisin
Ama geçen yaz bir ay bende kaldı
Ama ben onu her gün görüyorum

Çocuklarımız büyüdü
Anne babamız gitti

Biz kaldık
Kardeşlerim ve ben

Çok tuhaf. Grileşmiş saçlarıyla dönüyor ve
İşte aynı çocuk
Kırışmış yüzünü çeviriyor
Aynı kız
Ah hatırlıyor musun ne yapmıştık?
Ah evet hatırlamaz olur muyum?

Kardeşlerim ve ben.
Doktora gittin mi?
Ne dedi?
Başka bir görüş?

Bana ihtiyacın olursa buradayım.

Bugünümüzü rahatlatanlar
Anılarımızı koruyanlar
Gençliğimizi ve dünümüzü canlı tutanlar
Ortak tarihin yoldaşları

Kimin daha iyi
Kimin daha kötü olduğu
Kimde daha çok
Kimde daha az var
Kimin umurunda
Aramızdaki bağ ile mutluyuz.
Her şeye rağmen
Kardeşiz biz.

Teşekkür

Bu projedeki destekleri ve teşvikleri için eşlerimize çok teşekkür ederiz. Günlük hayatımızda – özellikle işler yavaş gittiğinde bizim için büyük bir güç kaynağı oldular.

Tüm çocuklarımıza, bize bu kitabı yazacak malzemeyi verdikleri ve şimdi birer genç yetişkin olarak neyi daha farklı yapsak daha iyi olacağına dair değerli önerilerde bulundukları için çok teşekkür ederiz.

"Yeni yaklaşımımızı" çocuklarında denemeyi kabul eden gruplarımızdaki tüm anne babalara çok teşekkür ederiz. Onların tecrübeleri bu sayfaları zenginleştirdi.

Kardeşleri hakkında geçmişte ve şimdi hissettikleri duyguları bizimle paylaşan herkese çok teşekkürler.

Çizerimiz Kimberly Ann Coe'ya her nasılsa çizimlerde ne anlatmak istediğimizi her zaman doğru bir şekilde sezdiği ve çok sevimli anne baba çocuk karakteri ortaya çıkardığı için çok teşekkürler.

Linda Healey'ye bir yazarın hayalindeki editör olduğu; yazarlarının vermek istediği mesaj ve kullandıkları stil konusunda destekleyici, mükemmellik arayışında nazik ve kararlı olduğu için çok teşekkürler.

Beğenilerine ve yargılarına güvendiğimiz Robert Markel'e kariyerimiz boyunca bizi desteklediği için teşekkürler.

Ve son olarak akıl hocamız Dr. Haim Ginott'a bize kardeş rekabetinin alevlerini nasıl küçük bir kıvılcıma indirebileceğimize dair ilk bakış açısını verdiği için çok teşekkürler.